근대·현대

교과서에 나오는 재미있는 역사 이야기 4

우리 역사
입에
한 꿀꺽

교과서에 나오는 재미있는 역사 이야기 4

근대·현대 우리 역사 한입에 꿀꺽

2012년 9월 10일 1판 1쇄   2016년 12월 30일 1판 2쇄 발행

글 전상봉 | 그림 백명식
펴낸이 문제천 | 펴낸곳 (주)은하수미디어
편집장 김은영 | 편집책임 오숙희 | 편집 임소현
디자인책임 문미라 | 디자인 이수진 김효정
편집진행 김혜영 | 디자인외주 아트인 | 제작책임 이남수
주소 서울시 송파구 문정1동 21-5 에코타워 4층
대표전화 02)449-2701 | 팩스 02)404-8768 | 편집부 02)3402-1386
출판 등록 제22-590호(2000. 7. 10.)
홈페이지 www.ieunhasoo.com

근대·현대

교과서에 나오는 재미있는 역사 이야기 4

우리 역사

한입에

꿀꺽

글 전상봉 | 그림 백명식

은하수
미디어
EUNHASOOMEDIA

머리말

'현대'는 지금 우리가 살고 있는 시대라는 뜻이에요. '근대'는 까마득한 옛 날이 아니라 지금으로부터 얼마 지나지 않은 시대라는 뜻이고요.

이 책에서는 지금으로부터 약 100년 전인 근대부터 지금 우리가 살고 있 는 현대의 역사를 다루고 있어요. 약 100년 전이면 우리 할머니와 할아 버지가 살았던 시대이고, 엄마와 아빠가 태어나고 자란 시대이기도 해요. 어때요, 이렇게 생각하니 근·현대의 역사가 무척 친근하게 느껴지지요? 그렇지만 지난 100년 동안 우리 할머니와 할아버지, 엄마와 아빠는 굉장 히 힘들고 어려운 일을 많이 겪었어요.

1910년 8월 29일 일제가 조선을 강제로 합병하면서 우리나라는 일제의 식민지가 되고 말았어요. 일제의 지배하에서 우리 할머니, 할아버지는 모 진 고통을 겪기도 했어요.

36년이 지난 뒤 우리나라는 일제의 지배에서 벗어나 해방을 맞았어요. 그 러나 안타깝게도 남과 북으로 갈리게 되었고, 1950년에는 한국 전쟁이 일어나 같은 민족끼리 총을 겨누고 싸워야 했지요.

하지만 이런 어려움을 이겨 내고 태어난 대한민국은 빠른 시일 내에 민주주의와 경제를 발전시켜 세계가 부러워하는 나라가 되었어요. 1988년 서울 올림픽과 2002년 한·일 월드컵까지 개최할 수 있었지요.

이렇게 살펴보니 근대와 현대의 역사는 힘들고 어렵기도 했지만 뿌듯하고 자랑스럽기도 하지요? 자, 그러면 지금부터 우리 할머니와 할아버지가 살았고 엄마와 아빠가 태어나서 자란, 가깝고도 먼 근대와 현대의 역사 속으로 여행을 떠나 볼까요?

2012년 글쓴이

차례

01 '경술국치'란 무엇인가요?

'경술국치'란 '경술년에 일어난 국가의 치욕'이라는 뜻이에요. 1910년 8월 29일 우리나라가 *일제의 식민지가 된 일을 가리키지요.

▲ 을사늑약의 내용이 적힌 문서

일제는 1905년 러·일 전쟁에서 승리한 뒤 우리나라를 식민지로 만들기 위해 우리나라의 외교권을 빼앗는 내용의 을사늑약을 강제로 체결했어요. 이때부터 일제는 우리나라의 정치 전반에 간섭하기 시작했지요. 그리고 5년 뒤인 1910년 8월 22일 당시 대한 제국의 총리였던 이완용을 불러들여 한일합병조약을 체결했어요. 그 얼마 뒤인 8월 29일 일제는 한일합병을 선언하고 우리나라를 식민지로 만들었어요.

조선은 태조 이성계가 나라를 세웠던 때로부터 519년 만에 막을 내렸고, 우리 민족은 35년간 일제의 노예살이를 할 수밖에 없었어요.

일제 '일본 제국주의'를 줄인 말. '제국주의'란 우월한 군사력과 경제력으로 다른 나라나 민족을 정벌하여 대국가를 건설하려는 침략주의적 경향을 말한다.

02 동양 척식 주식회사에서는 어떤 일을 했나요?

1908년 만들어진 동양 척식 주식회사는 일제가 우리 나라 백성을 착취하기 위해 만든 회사예요. 일제는 한 일합병을 한 뒤인 1910년 부터 1918년까지 토지 조

▲ 동양 척식 주식회사

사 사업이라는 것을 실시했어요. 이 사업을 통해 일제는 우리 농민들의 논과 밭을 빼앗아 동양 척식 주식회사에 헐값으로 팔았어요. 토지 조사 사업은 사실은 토지 소유에 대한 개념이 없던 농민들에게서 토지를 빼앗기 위한, 허울뿐인 조사 사업이었어요.

동양 척식 주식회사는 논과 밭뿐만 아니라 광산에도 투자해서 많은 돈을 벌었고, 나중에는 이 돈을 은행에 투자해서 더 큰돈을 모았어요. 이렇게 모은 돈은 어디에 쓰였을까요? 바로 일제가 다른 나라를 침략하며 벌인 전쟁에 쓰였답니다. 결국 동양 척식 주식회사는 우리나라를 비롯한 식민지 백성을 착취해 일제가 전쟁을 하는 데 필요한 돈을 대 주었던 회사였다고 할 수 있어요.

03 '명치', '대정', '소화', 이런 말들은 무슨 뜻인가요?

예부터 우리나라와 중국, 일본에서는 새로운 왕이 즉위하면 그때부터 연도를 세는 연호를 사용했어요. 이를테면 고구려 때 광개토 대왕은 왕의 자리에 오르면서부터 영락(永樂)이라는 연호를 썼고, 발해를 세운 대조영은 천통(天統)이라는 연호를 썼지요.

1910년 일제는 우리나라 사람들에게 자신들의 천황 이름을 딴 연호를 쓰라고 강요했답니다. 그것이 바로 '명치', '대정', '소화'라고 하는 연호예요. '명치'는 일본 메이지 천황 시대의 연호이고 '대정'은 다이쇼 천황 시대의 연호예요. '소화'는 히로히토라는 천황 시대의 연호이지요.

일제가 이처럼 자신들의 연호를 우리나라 사람들에게 쓰라고 강요한 이유는, 우리나라의 역사와 정신까지 자기 나라의 것으로 바꾸려는 속셈을 가지고 있었기 때문이랍니다.

13

04 3·1 운동은 왜 3월 1일에 일어났나요?

잘 알려졌다시피 3·1 운동은 1919년 3월 1일에 일제에 맞서 일어난 우리 민족의 독립 만세 운동이에요.

3·1 운동이 일어나기 전부터 나라 안팎에서는 독립운동이 활발하게 일어나고 있었어요. 1918년 말 만주 지린에서는 안창호, 박은식 등 39인이 무오 독립 선언서를 발표했어요. 또 1919년 2월 8일에는 일본 도쿄에서 유학생들이 2·8 독립 선언서를 발표했답니다.

나라 안에서는 *천도교, 기독교, 불교 등 종교 단체와 학생이 중심이 되어 독립 만세 운동을 벌일 계획을 세우고 있었어요.

그러던 중 1919년 1월 21일에 고종 황제가 사망하는 일이 일어났어요. 너무나 갑작스러운 죽음에 일제가 고종 황제에게 독을 먹여 죽였다는 소문이 퍼졌어요. 이 소문을 들은 사람들은 분노했어요.

처음 3·1 운동은 고종 황제의 장례식인 1919년 3월 3일에 맞추어 벌이기로 되어 있었어요. 그런데 많은 사람이 고종 황제

일본 싫어

물러가라!

의 장례식에 참여하기 위해 서울로 몰려들자 일제의 감시가 무척 심해졌지요.

　3·1 운동을 계획한 우리 민족의 지도부는 만세 시위를 앞당기기로 결정했어요. 그래서 3·1 운동은 고종 황제의 장례식에서 이틀 앞당긴 1919년 3월 1일에 일어나게 된 것이랍니다.

천도교 사람이 곧 하늘이라는 인내천 사상을 중심으로 하는 민족 종교.

05 독립 선언서에 서명한 민족 대표 33인은 누구인가요?

이 가운데 몇 명은 나중에 친일파가 되었어요

3·1 운동 때 발표된 독립 선언서에 서명한 민족 대표는 모두 33인 이었어요. 그중에는 종교 지도자가 많았어요.

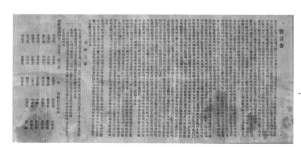

▲3·1 독립 선언서

천도교, 기독교, 불교 등 종교 단체가 중심이 되어 3·1 운동을 계획했기 때문이에요.

3·1 운동 당시 민족 대표 33인은 서울 종로에 있는 음식점 태화관에서 독립 선언서를 발표한 뒤 일본 경찰에게 자진 출두하였어요. 당시 붙잡힌 민족 대표들은 몇 년씩 감옥에 갇혀 있어야만 했어요. 이 가운데 손병희 선생님은 감옥에서 병에 걸려 치료를 받다가 사망했어요.

그런데 이처럼 나라를 위해 힘쓴 민족 대표 33인 중에는 나중에 친일파가 된 사람도 있어요. 참으로 안타까운 일이지요. 민족 대표 33인은 아니지만 독립 선언서를 쓴 최남선도 나중에 친일파가 되었답니다.

06 임시 정부는 왜 중국의 상하이에 세워졌나요?

3·1 운동이 끝나자 우리나라 사람들은 독립운동을 계속하려면 임시 정부가 필요하다고 생각했어요. 그래서 평안도, 서울 등 여러 곳에 임시 정부가 만들어졌지요. 그러나 이들 임시 정부는 모두 조직력이 약했고 일제의 탄압을 받아 활발히 활동하지 못했어요.

이런 가운데 우리나라 사람의 눈과 귀가 중국 상하이로 모였어요. 3·1 운동 이후 나라 안팎의 많은 독립운동가가 중국 상하이로 몰려들었기 때문이에요. 3·1 운동 이후 상하이에는 수천 명을 헤아리는 독립운동가가 몰려들어 독립 임시 사무소를 만들었어요. 그리고 1919년 4월 13일 마침내 상하이 임시 정부가 수립되었어요. 상하이 임시 정부는 1945년 11월 김구 *주석이 국내로 돌아올 때까지 우리나라의 독립운동을 이끈 대표적인 단체였답니다.

주석 일부 국가에서 국가나 정당 따위의 최고 직위. 또는 그 직위에 있는 사람.

상하이로 가자.

여기에 임시 정부를 세웁시다.

웰컴 투 상하이.

가자.

군자금

07 봉오동 전투와 청산리 전투를 승리로 이끈 두 장군은 어떤 사람인가요?

봉오동 전투는 1920년 6월 홍범도 장군이 이끄는 독립군 부대가 만주 봉오동에서 일본군을 무찌른 전투를 말해요. 봉오동 전투로부터 4개월이 지난 1920년 10월, 이번에는 홍범도 장군이 이끄는 부대와 김좌진 장군이 이끄는 부대가 힘을 합쳐 만주 청산리에서 일본군을 크게 무찔렀어요. 이 전투를 청산리 전투라고 해요. 그러면 봉오동 전투와 청산리 전투를 승리로 이끈 홍범도 장군과 김좌진 장군은 어떤 사람일까요?

홍범도 장군은 1868년 평양에서 태어나 머슴, 종이 공장 노동자, 사냥꾼, 광산 노동자로 일하다가 의병 운동에 뛰어들었어요. 뛰어난 사냥꾼이기도 했던 홍범도 장군은 총을 쏘아 맞히는 솜씨가 좋기로 이름이 높았지요.

김좌진 장군은 홍범도 장군과 달리 1889년 양반 가문에서 태어났어요. 일찍부터 독립운동에 뛰어들어 서대문 형무소에서 감옥살이를 하기도 했지요. 1918년 만주로 간 김좌진 장군은 다음 해인 1919년에 북로 군정서라는 독립군 부대의 총사령관이 되었답니다.

이렇게 홍범도 장군과 김좌진 장군은 서로 살아온 길은 달랐지만 청산리 전투에서 손잡고 싸워 일본군을 크게 물리칠 수 있었어요. 그러면 청산리 전투 이후 두 장군은 어떻게 살았을까요?

홍범도 장군은 러시아 연해주에서 살다가 지금의 카자흐스탄으로 옮겨 간 뒤 그곳에서 1943년에 76세로 사망했어요.

김좌진 장군은 청산리 전투 이후에도 계속 만주에서 독립 투쟁을 벌였어요. 그러다가 1930년 1월 24일 자신이 운영하던 정미소에서 암살범이 쏜 총에 맞아 사망하고 말았답니다.

청산리에서 일본군을 모조리 무찔러 버리자.

← 김좌진 장군

김 장군! 우리 같이 싸웁시다.

홍범도 장군

씩-씩

08 독립군은 어떻게 모집되어 훈련을 받았나요?

3·1 운동이 일어난 뒤 많은 청년이 독립군이 되려고 만주로 떠났어요. 또 독립운동가들이 국내에 몰래 들어와 독립군이 되고 싶어 하는 청년들을 모집하기도 했답니다.

이렇게 모집된 청년들은 어떻게 훈련을 받았을까요?

만주에는 독립군을 훈련시키는 학교가 여러 곳 있었어요. 가장 대표적인 곳이 신흥 학교였어요. 신흥 학교에서는 처음에는 중학반과 군사반을 두었다가 나중에는 군사반만 두었어요. 또 고등 군사반을 만들어 독립군 장교도 키웠답니다. 신흥 학교에는 독립군이 되겠다고 찾아오는 청년들이 점점 많아졌어요. 그래서 나중에는 신흥 무관 학교로 이름을 바꾸고 분교도 세웠다고 해요.

독립군에 들어오시오!

불끈

신흥무관학교

그 밖에도 북로 군정서
라는 독립군 단체가 세운
사관 연성소와 이동휘 등
이 1914년에 세운 대전 학
교 등이 있었지요.

▲ 훈련 중인 독립군

그러면 독립군을 가르
친 선생님들은 어떤 사람
들이었을까요?

당시 독립군을 가르친 선생님들은 대한 제국 군대의 장교나 중
국과 일본의 사관 학교를 졸업한 장교 출신이었어요. 또 필요하면
러시아나 중국 교관들의 도움을 받기도 했다고 해요.

독립군
잡으러가자.

09 독립군은 군자금과 무기를 어떻게 마련했나요?

　독립군에게 가장 필요했던 것은 무기와 군자금(돈)이었어요. 독립군은 만주 지역에 사는 동포들에게 세금을 걷듯이 군자금을 거두었답니다. 재산이 많고 적음에 따라 걷는 금액이 달랐어요. 그래도 부족한 자금은 국내에서 비밀리에 모금해 갔어요. 때로는 친일파들에게 강제로 군자금을 걷기도 했답니다.

　※간도 지방의 경우에는 독립군이 워낙 많이 활동하다 보니 동포들에게 이중, 삼중으로 군자금을 거두는 일도 있었다고 해요.

친일파네 집

오늘 밤은 저 집을 털자.

그러면 독립군의 무기는 어떻게 구했을까
요? 무기는 주로 지금의 러시아인 소련
으로부터 구입했답니다. 1910년대에
는 소련이 내전 중이었기 때문에 돈
만 있으면 쉽게 무기를 구할 수 있
었어요. 또 제1차 세계 대전 때 체
코 군대가 소련의 시베리아에서 물
러나면서 싼값으로 무기를 넘겨주기
도 했답니다.

※ **간도** 중국 길림성의 동남부 지역으로 두만강 유역의 동간도와 압록강 유역의
　　서간도를 통틀어 이른다. 일제 강점기에 우리나라 사람이 많이 살았다.

10 우리나라 최초의 비행사는 누구인가요?

우리나라 최초의 비행사는 안창남이에요. 안창남은 3·1 운동 직후 일본으로 건너가 1921년 일본 항공국에서 실시한 비행사 면허 시험에 합격해서 비행사가 되었어요.

비행사 안창남은 우리나라 사람들에게 매우 인기가 많았어요. 1922년 12월 10일 서울 여의도 비행장에 안창남이 비행기를 타고 나타나자 5만 명이나 되는 사람들이 구경을 나왔다고 해요.

이때 안창남이 타고 온 비행기의 이름은 '금강호'였어요. 안창남은 금강호를 타고 여의도 상공에서 곡예비행을 하고 남대문, 독립문 그리고 인왕산

오빠!

24

까지 서울 하늘을 한 바퀴 빙 돈 다음 인천까지 비행했어요.

당시 사람들 사이에는 '떴다, 보아라, 안창남 비행기, 내려다보니 엄복동의 자전거'라는 노래가 유행했다고 해요. 안창남의 인기가 어느 정도였는지 실감 나지요?

그런데 한국 최초의 비행사는 안창남이 아니라는 주장도 있어요. 이 주장에 따르면 상하이 임시 정부에서 활동한 독립운동가 노백린이 미국에서 한국 최초의 비행사를 길러 냈다고 해요.

참고로 우리나라 최초의 여성 비행사는 권기옥이라는 사람이에요. 권기옥은 1925년 비행사가 되어 우리나라 여성으로는 처음으로 비행기를 조종했답니다.

몇 년 전 영화에도 나온 여성 비행사 박경원은 권기옥보다 1년 늦은 1926년 '푸른 제비'라는 뜻의 '청연'이라는 자신의 비행기를 몰고 하늘을 날았어요.

떴다!
안창남~!
와글와글
와~!
와글와글

11 어린이날은 언제부터 시작되었나요?

어린이날이 처음으로 생긴 것은 1923년 5월 1일이었어요. 3·1 운동 이후 아동 문학가인 방정환 선생님과 어린이 문화 운동 단체인 색동회가 어린이의 지위 향상과 민족정신을 높이기 위한 목적으로 만들었지요. 어린이날은 1927년부터 5월 첫째 일요일로 바뀌었고 1939년에 일제의 탄압으로 중단되었어요. 어린이날이 되살아난 것은 광복 이후인 1946년 5월 5일이랍니다. 그리고 1956년에는 국가에서 정식 법령으로 5월 5일을 어린이날로 정했고, 1957년에는 '대한민국 어린이 헌장'이 선포되었으며, 1975년부터는 어린이날이 공휴일로 정해졌어요.

그러면 세계의 어린이날은 언제일까요? '국제 어린이날'은 6월 1일이고 유엔에서 정한 '세계 어린이날'은 11월 20일이에요. 이웃 나라 일본의 어린이날은 우리와 같은 5월 5일이지요. 또 *이슬람교를 믿는 나라들의 어린이날은 7월 4일이에요.

※**이슬람교** 기독교, 불교와 함께 세계 3대 종교의 하나로, 7세기 초 아라비아의 예언자 마호메트가 완성시킨 종교.

◀방정환 선생님의 동상

소파 방정환선생 상

12 관동 대지진이 일어난 뒤 일제는 왜 우리나라 사람들을 죽였을까요?

1923년 9월 1일 오전 11시 58분, 일본에 대지진이 일어났어요. 이 지진으로 일본의 수도인 도쿄는 도시의 3분의 2가 무너지고 불 탔어요. 일본 사람들은 서로를 믿지 못하고 나라는 혼란에 빠졌지요. 일본 경찰은 "조선 사람들이 우물에 독약을 넣고 도시에 불을 지른다."라는 소문을 퍼뜨렸어요. 일본 사람들의 관심을 다른 곳으로 돌리기 위해 헛소문을 퍼뜨린 거예요. 이 소문을 믿은 일본 사람들은 우리나라 사람들을 마구 죽이기 시작했어요. 우리나라 뿐 아니라 중국 등 외국 사람에게도 어려운 일본 발음을 시킨 뒤 제대로 발음하지 못할 경우 가차 없이 죽였어요.

관동 대지진 당시 아무런 잘못 없이 죽임을 당한 우리나라 사람의 수는 6,066명이나 되었다고 해요. 이처럼 *일제 강점기는 나라 잃은 백성들이 참혹하게 고통받던 시절이었어요.

※**일제 강점기** 1910년에 일본이 우리나라의 주권을 빼앗은 이후 1945년에 해방되기까지 36년간 일본 제국주의의 지배를 받았던 시대.

13 조선 시대에도 동물원이 있었나요?

조선 시대에는 경복궁, 창덕궁, 창경궁, 경희궁, 경운궁(뒤에 덕수궁으로 이름이 바뀌었어요.)의 5대 궁궐이 있었어요. 일제는 이 궁궐들을 훼손했지요. 1909년 일제는 순종을

▲창경원에 봄나들이를 나온 사람들

위로한다는 핑계로 창경궁을 동물원과 식물원으로 만들고 이름도 창경원으로 바꾸었답니다. 나라의 힘을 상징하는 궁궐을 한낱 놀이공원으로 만들어 버린 것이지요. 일제는 창경궁에 곰, 호랑이, 사슴, 원숭이를 들여오고 1922년에는 궁궐 곳곳에 일본 사람이 사랑하는 벚나무를 수천 그루나 심었어요.

지금도 창경궁에 동물원이 있느냐고요? 아니에요. 나라에서는 1983년 창경궁의 동물원을 과천으로 옮겨 서울대공원을 만들었어요. 그리고 창경궁을 현재의 모습으로 회복하고 창경궁이라는 이름도 되찾았답니다.

14 6·10 만세 운동은
왜 일어났나요?

1926년 4월 25일 평소 몸이 약했던 순종이 숨을 거두자, 슬픔에 빠진 사람들은 일제를 몰아내기 위한 독립운동을 계획했어요. 그 가운데에서도 송학선이라는 사람은 조선 총독 사이토를 암살하려고 했으나 실패하고 말았지요.

조선의 마지막 임금 순종의 장례식 날인 6월 10일, 사람들은 슬퍼하고만 있지 않고 독립 만세 운동을 벌여 독립 의지를 굳건히 했어요. 이날 서울에서 시작된 독립 만세 운동은 전국으로 퍼져 나갔어요. 이 6·10 만세 운동을 '제2의 3·1 운동'이라고 부르기도 해요.

대한 독립 만세!

15 '아리랑'은 우리나라 최초의 영화인가요?

우리나라 최초의 영화는 1919년 김도산이 만든 '의리적 구토'라는 영화예요.

영화 '아리랑'은 1926년 나운규가 만든 영화로 종로의 극장 단성사

▲ '아리랑'에 출연한 나운규와 배우들

에서 개봉했지요. '아리랑'은 당시 사람들에게 크게 사랑받았어요. 일제의 지배하에 고통받는 우리 민족의 삶을 잘 그려냈기 때문이에요. '아리랑'은 지금도 우리나라 영화사에 길이 남아 있는 작품이지요.

영화배우이자 감독이었던 나운규는 '아리랑'뿐 아니라 '사나이', '사랑을 찾아서', '벙어리 삼룡이' 등의 여러 작품을 만들었어요. 이처럼 한국 영화 발전에 크게 기여했지만 나운규가 찍은 영화의 필름은 현재 한 편도 남아 있지 않아요. 정말 안타까운 일이지요.

16 신간회는 어떤 단체였나요?

우리나라의 대표적인 항일 운동 단체인 신간회는 1927년 2월 15일에 만들어졌어요. 신간회가 만들어질 수 있었던 것은 6·10 만세 운동을 통해 민족주의 단체와 사회주의 단체가 단결한 덕분이었어요.

신간회는 동양 척식 주식회사에 반대하고 근검절약 운동 등을 전개하며 점점 세력을 키워 나갔어요. 1930년에는 전국 각지에 140여 개의 지부를 두었고 4만여 명의 회원이 뜻을 함께했지요. 신간회가 이처럼 많은 회원과 지부를 가질 수 있었던 것은 우리나라의 독립 의지가 그만큼 높았다는 것을 뜻해요.

신간회는 일제가 1929년 11월에 일어난 광주 학생 운동을 탄압하자 이에 대항하며 대규모 민중 대회를 준비했어요. 그러다가 간부 44명이 체포되며 위기를 맞았지요. 그 뒤 일제의 탄압이 심해지고 내부에서도 민족주의 세력과 사회주의 세력 간에 갈등이 생기자, 결국 1931년 5월 해산할 수밖에 없었어요.

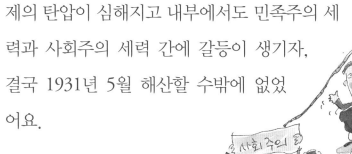

17 원산 총파업은 무슨 사건 인가요?

원산 총파업은 1928년 9월 8일 함경남도 덕원군의 '라이징 선'이라는 석유 회사에서 일본 감독관이 우리나라 노동자를 때린 사건때문에 일어났어요. 당시 노동자들은 폭력을 휘두른 일본 감독관의 처벌을 요구했지만 회사에서는 이를 받아들이지 않았어요. 게다가 화가 난 노동자들이 파업에 들어가려고 하자, 요구를 들어주겠다고 약속하고는 오히려 월급을 깎으려고 했지요.

이에 원산 지역 노동자들은 1929년 1월 14일 총파업에 들어갔어요. 총파업이 길어지자 1만 명이 넘는 노동자 가족의 생활은 무척 어려워졌어요. 당시 중국, 소련, 프랑스 등 세계 여러 나라의 노동자들은 어려움을 겪던 원산 지역 노동자들에게 파업을 지지하는 격려의 편지를 보내기도 했답니다.

18 11월 3일은 왜 학생의 날로 지정되었나요?

학생의 날은 1929년 11월 3일 일어난 광주 학생 독립운동을 기념하기 위해 나라에서 정한 날이에요. 광주 학생 독립운동은 1919년 3·1 운동 이후 최대 규모의 항일 운동으로 손꼽혀요.

1929년 10월 31일 통학 열차에서 한 일본 남학생이 우리나라 여학생의 댕기 머리를 잡아당기면서 한국 사람을 낮잡아 이르는 '센징'이라며 놀렸어요. 결국 우리나라 학생들과 일본 학생들 사이에 싸움이 일어났는데, 싸움 현장에 온 일본 경찰은 무조건 우리나라 학생들이 잘못했다며 경찰서로 끌고 갔지요.

이 일로 화가 난 광주 지역 학생들은 11월 3일 시위를 시작했어요. 많은 광주 시민도 함께했지요. 이에 당황한 일제는 휴교령을 내리고 학생 60명을 잡아갔어요. 그러자 11월 12일 광주의 모든 학생이 거리로 나와 일제에 반대하는 시위를 벌였어요. 이러한 학생들의 일제 반대 투쟁은 전국으로 퍼져 나갔고, 해가 바뀌어 1930년 3월까지 계속되었어요.

학생들의 이 같은 반일 투쟁을 기념하기 위해 1953년 국회에서는 11월 3일을 학생의 날로 정했고, 2006년부터는 명칭을 변경하여 '학생 독립운동 기념일'로 부르고 있답니다.

19 만주 사변은 어떤 사건인가요?

1931년 9월 18일 만주 봉천에 머물고 있던 일본 관동군은 류탸오거우의 철도를 일부러 폭파시켰어요. 그런 뒤 중국군이 철도를 폭파했다며 거짓말을 퍼뜨리고는 이를 핑계로 만주를 침략했답니다. 이 사건을 가리켜 '만주 사변'이라고 불러요.

일제는 만주 지역을 점령하고 1932년 3월 만주국이라는 꼭두각시 나라를 세웠어요. 이렇게 중국 대륙을 침략한 일제는 1937년 7월 7일 중·일 전쟁을 일으켰어요. 그리고 1941년에는 미국 영토인 하와이의 진주만을 공격하면서 태평양 전쟁까지 일으켰지요.

일제의 침략 전쟁 때문에 많은 사람이 죽고 다쳤어요. 일제의 침략 전쟁은 1945년 8월 15일 일본 천황이 항복할 때까지 계속되었어요.

중국군이 철도를 폭파했으므로 우리는 만주를 침략하겠으니다.

빨리 도망가자.

20 윤봉길 의사가 던진 폭탄은 정말 도시락 모양이었나요?

윤봉길 의사는 1932년 4월 29일 아침, 중국 상하이에 있는 우리나라 동포 김해산의 집에서 백범 김구 선생과 아침 식사를 마쳤어요. 그런 다음 함께 무릎을 꿇고 엄숙하게 기도를 드렸지요.

"조국을 위해 마지막 길을 떠나는 이 젊은이를 보호하소서."

기도가 끝나고 길을 나서기 전 윤봉길 의사는 자기가 차고 있던 시계를 김구 선생에게 주었어요.

"이 시계는 6원을 주고 산 것인데 선생님의 시계는 2원짜리이니 제 것과 바꾸시지요. 한 시간 뒤면 제게는 필요 없어지니까요."

윤봉길 의사는 도시락과 물통 폭탄을 가지고 홍커우 공원으로 향했어요. 물통 폭탄은 일본 장교와 외교관을 죽이기 위한 것이었고, 도시락 폭탄은 성공하지 못할 경우 스스로 목숨을 끊기 위한 것이었어요. 한 시간 뒤인 11시, 일본군 장교들과 외교관들이 공원으로 입장했어요. 일본 국가가 울려 퍼지는 순간 윤봉길 의사는 물통 폭탄을 던졌고, 일본군 장교와 외교관 여럿이 죽거나 다쳤어요. 일본 헌병들에게 끌려가면서도 윤봉길 의사는 "일본 제국을 타도하자!"라고 외쳤답니다.

21 유명한 여성 독립운동가에는 누가 있나요?

여성 독립운동가 가운데 가장 널리 알려진 사람은 유관순이에요. 1919년 이화 학당 학생이었던 유관순은 3·1 운동이 일어나자 만세 운동에 참가했어요. 일제가 임시 휴교령을 내리자 고향인 천안에 내려가 만세 운동을 계획했지요.

1919년 4월 1일 유관순은 천안에 있는 아우내 장터에서 수천 명을 이끌고 독립 만세 운동을 벌였어요. 일본 경찰은 유관순의 아버지와 어머니를 죽이고 유관순마저 잡아갔어요. 감옥에 갇혀서도 유관순은 독립 만세를 부르다 일본 경찰에게 모진 고문을 당해 그만 죽고 말았어요. 이때 유관순의 나이 19세였어요.

다음으로 소개할 사람은 김마리아예요. 김마리아는 1891년 기독교 집안에서 태어났어요. 서울로 올라와 정신 여학교를 졸업한 김마리아는 1914년 일본으로 유학을 떠났답니다. 그 뒤 동경 유학생 독립단에 가입하고 1919년

대한 독립 만세!

← 유관순

2월 8일 도쿄 유학생들의 독립 선언에 참가했어요.

2·8 독립 선언 직후 국내로 돌아온 김마리아는 3·1 운동이 일어났을 때에도 황해도 지역에서 만세 운동에 참여하다 일본 경찰에게 잡혀 감옥에서 고문을 당했어요. 그 뒤에도 대한민국 애국 부인회를 만들어 회장으로 활동하면서 상하이 임시 정부의 독립운동 자금을 모으다가 붙잡혀 감옥에 갇히기도 했어요.

▲소녀 열사 유관순

고문을 당해 몸이 쇠약해져 풀려났지만, 김마리아는 1944년에 죽을 때까지 몸이 아파 고생해야 했어요.

김마리아 →

손기정 선수는 올림픽에서 우승하고도 왜 기뻐하지 않았나요?

1936년 8월 9일 밤 11시, 많은 우리나라 사람이 라디오 앞으로 몰려들었어요. 라디오에서 나오는 베를린 올림픽 마라톤 경기의 중계방송을 듣기 위해서였어요. 마라톤에 출전한 우리나라의 손기정 선수와 남승룡 선수가 1등과 3등으로 결승선을 지났다는 소식이 전해지자 사람들은 감격에 겨워 만세를 외쳤어요. 손기정 선수의 기록은 2시간 29분 19초로 세계 신기록이었지요.

손기정 선수는 인터뷰에서 자신은 조선 사람이라고 자랑스럽게 밝혔어요. 하지만 시상대에 오르자 표정이 어두워졌어요. 일본 국가가 연주되고 일장기가 올라갔기 때문이에요. 당시 우리나라는 일제의 지배 아래에 있었기 때문에 손기정 선수는 일본 대표로 뛰어야 했어요. 태극기가 아닌 일장기를 가슴에 달고 뛰어야 했지요. 그래서 우승을 하고도 기뻐하지 못한 거랍니다.

일장기 달고 뛰는 건 싫어.

와.

23 일장기 말소 사건이란 무슨 사건인가요?

▲ 일장기를 지운 손기정의 신문 사진

손기정 선수의 우승 소식은 삼천리 강산을 뒤흔들어 놓았어요. 신문들은 호외를 발행하고 매일같이 이 소식을 자세하게 전해 기쁨을 나누었지요. 그런데 신문사에는 고민이 있었어요. 손기정 선수의 우승 사진을 신문에 실어야 하는데 가슴에 달린 일장기가 문제였거든요. 손기정 선수는 일본 사람이 아닌 우리나라 사람이니까요.

1936년 8월 13일 〈조선중앙일보〉가 먼저 손기정 선수 가슴의 일장기를 말소한 사진을 신문에 실었어요. '말소'란 '지운다'는 뜻이에요. 12일 뒤인 8월 25일, 이번에는 〈동아일보〉가 손기정 선수의 가슴에 달린 일장기를 지운 사진을 신문에 실었어요.

이 사실을 알아차린 조선 총독부는 〈동아일보〉의 기자 다섯 명을 구속시켰어요. 그런 다음 〈조선중앙일보〉를 없애 버리고 〈동아일보〉 또한 279일 동안 신문을 만들지 못하게 했답니다.

호외 특별한 일이 있을 때에 임시로 발행하는 신문이나 잡지.

24 보천보 전투란 무엇인가요?

보천보는 함경남도 혜산군 보천면에 있는 압록강 주변의 조그만 마을이에요. 1937년 6월 4일, 이 마을을 유명하게 만든 사건이 일어났어요. 이날 김일성이 이끄는 조선 인민 혁명군 150여 명이 뗏목을 타고 압록강을 건너와 보천보 마을에 있는 일본 경찰 주재소, 농사 시험장, 면사무소, 우체국을 불태웠거든요. 이들은 '조선 민중에게 알린다, 조국 광복회 10대 강령' 등의 *유인물을 뿌리고 돌아갔어요. 이 사건이 바로 보천보 전투예요. 이 전투에서 일본 경찰 7명이 죽고 여러 명이 크게 다쳤다고 해요.

보천보 전투가 일어나자 〈동아일보〉와 〈조선일보〉는 이 소식을 크게 실었어요. 이때부터 김일성이라는 이름이 세상에 알려지기 시작했답니다.

*유인물 인쇄기, 프린터 등을 이용해서 만든 인쇄물.

보천보마을

40

우리는 조선 인민 혁명군이다.

25 중국과 일본에서 중·일 전쟁을 서로 다르게 부른다고요?

중국과 일본 사이에 일어난 전쟁인 중·일 전쟁은 1937년 7월 7일 일본군이 중국 베이징 근처에서 *루거우차오 사건을 일으키면서 시작되었어요. 일본은 중국을 정치·군사적으로 지배해서 전쟁에 필요한 원료와 자원을 확보하려고 했지요.

일본은 전쟁이 길어지자 자원 부족에 시달렸어요. 그러던 중 미국이 중국 등 해외에 있는 일본 군대의 철수를 요구하자 미국과 일본의 관계는 빠르게 나빠졌어요. 이에 일본은 1941년 12월 8일 미국의 하와이 주에 속한 진주만을 공격함으로써 태평양 전쟁을 일으켰어요. 그러나 일본군은 1945년 8월 15일 미국, 소련, 영국 등 연합군에게 무조건 항복을 선언할 수밖에 없었어요.

일본의 항복으로 끝난 중·일 전쟁을 중국은 '중국 항일 전쟁'이라고 부르고, 일본은 '일·중 전쟁'이라고 불러요.

루거우차오 사건 중국의 루거우차오라는 작은 도시에서 중국 군대와 일본 군대가 싸움을 벌인 사건으로 중·일 전쟁의 계기가 되었다.

너희가 먼저 싸움을 걸었잖아.

중국

무슨 소리!

일본

26 최승희는 세계 10대 무용가로 뽑힌 적이 있나요?

▲ 우리나라 최초의 현대 무용가 최승희

1939년 최승희의 뉴욕 공연이 끝나자 미국의 연극 평론가들은 최승희를 '세계 10대 무용가'로 뽑았어요. 최승희는 프랑스, 브라질, 아르헨티나 등 세계 곳곳에서 공연하며 세계적인 무용가로 이름을 떨쳤어요. 최승희는 우리나라에서 최초로 현대 무용을 시작한 무용가로 우리나라 무용에 많은 영향을 끼쳤지요. 또한 최승희가 출연한 영화가 일본에서 4년 동안이나 상영되는 등 우리나라가 낳은 세계적인 스타였어요. 최승희가 얼마나 춤을 잘 추었던지, 공연을 관람한 어느 일본 작가는 이렇게 말했어요.

"최승희 씨는 일본 무용가는 도저히 표현할 수 없는 멋진 춤을 보여 주었다. 옆자리의 조선 할머니는 감격의 눈물을 흘리고 있지 않았던가! 관객과 완전히 하나가 되는 춤을 보는 내내 황홀했다."

사람들은 무용가 최승희에 대해 '백 년에 한 번 나올까 말까 한 예술가'라고 칭찬했답니다.

27 '감격시대'는 친일 가요인가요?

박시춘이 작곡하고 남인수가 부른 '감격시대'라는 노래가 친일 가요라는 주장이 있어요. 친일 가요란 일제 강점기에 일제의 편을 드는 내용의 노랫말로 이루어진 노래를 말해요. '감격시대'가 정말 친일 가요인지 노랫말부터 살펴볼까요.

거리는 부른다 / 환희에 빛나는
숨 쉬는 거리다 / 미풍은 속삭인다
불타는 눈동자 / 불러라 불러라 불러라 불러라
거리의 사랑아 아아 / 휘파람을 불며 가자
내일의 청춘아

언뜻 보면 친일이 아니라 해방된 우리 민족의 감격을 노래한 것처럼 보이지요. 그러나 1939년에 발표된 이 노래는 다른 나라를 침략하고 우리나라 사람들을 괴롭힌 일제의 식민 정책을 찬양하는 내용의 친일 가요라고 보는 사람들이 많답니다.

친일 노래?

해방 노래?

거리는 부른다

환희에 빛나는

43

일제는 왜 조선 사람의 성명을 일본식으로 바꾸라고 강요했나요?

일제는 1939년 11월 '조선민사령 제3차 개정안'이라는 법을 만들었어요. 이 법에는 조상 대대로 내려온 우리나라 사람들의 성과 이름을 일본식으로 바꾸라고 강요하는 내용이 포함되어 있었어요.

일제가 일본식 성명을 강요하자 우리나라 사람들은 격렬하게 반대했어요. 전라남도 곡성의 유건영은 조선 총독에게 일본식 성명에 반대하는 편지를 보낸 다음 자살했어요. 또 전라북도 고창의 설인영은 일본식으로 성명을 바꾸지 않으면 자녀들이 학교에서 쫓겨나게 되자, 어쩔 수 없이 일본식으로 성명을 고쳤어요. 그런 다음 조상들에게 죄를 지었다며 우물에 몸을 던졌어요.

당시 사람들은 일본식 성명 강요에 반대해서 일본을 비꼬는 이름을 지으려고 했어요. '개자식이 된 단군의 자손'이라는 뜻의 견자웅손(犬子熊孫)이나 '개똥이나 먹어라'라는 뜻의 견분식위(犬糞食衛)가 그 예이지요. 또 어떤 사람은 일본 천황의 이름을 그대로 썼

이름을
일본식으로
바꿔!

다가 일본 경찰에게 잡혀가기도 했어요.

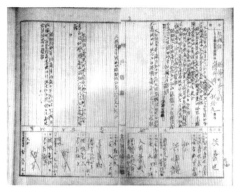
▲ 일본식 성명으로 바꾼 우리나라 사람의 호적

그런데 일본식 성명 강요를 적극 찬성하고 나선 사람들도 있었어요. 바로 친일파들이에요. 소설가 이광수는 가장 먼저 향산광랑(香山光郎)이라는 일본식 성명으로 바꾸었어요. '불놀이'라는 시를 쓴 주요한도 송촌굉일(松村紘一)이라는 이름으로 바꾸고 '뼈와 살'까지 일본 사람이 되어야 한다고 주장했답니다.

'위안부'란
무엇인가요?

위안부란 일제가 군인들의 성적 욕구를 풀기 위해 강제로 전쟁터에 끌고 간 여성들을 말해요.

일제는 1930년대 초부터 우리 나라와 대만 등 식민지의 여성들 을 위안부로 끌고 갔어요. 끌려 간 여성들은 일본, 대만, 만주, 미얀마, 말레이시아 등 일본군

▲ 위안부 피해자를 기리는 소녀상

이 있는 전쟁터 여기저기로 보내졌어요.

그곳에서 위안부들은 하루에 수십 명의 일본 병사들에게 폭행 을 당해야만 했답니다. 그뿐 아니라 빨래와 청소는 기본이고 풀베 기 작업도 해야 했고 시간 나는 대로 ※황국신민서사라는 것을 외 워야만 했어요.

나중에 피해자들과 정부, 유엔 등 국제기구가 일본에 진상을 밝 히고 정당한 배상을 하라고 요구했지만, 일본 정부는 여성들이 돈 을 벌기 위해 스스로 원해서 갔다고 주장하거나 피해 규모를 축소

하며 사과와 배상을 거부하고 있어요.

'종군 위안부'라는 말도 일본이 만들어 낸 말로 잘못된 말이에요. 종군 위안부는 '자발적으로 군을 따라다닌 위안부'라는 의미로, 공식적으로는 '위안부'라고 해야 한답니다.

황국신민서사 일제가 1937년 만들어 내 우리나라 사람들에게 강제로 외우게 시킨 것으로, 일본 황제에게 충성해야 한다는 내용이 포함되어 있다.

30 일제가 사람들을 실험용으로 사용했다는 것이 정말인가요?

일제는 전쟁에서 최소한의 물자와 병력으로 최대한의 효과를 얻기 위한 방법을 여러 가지로 연구했어요. 그 결과로 나온 것이 '세균전'이랍니다.

세균전이란 세균을 생물을 죽이거나 다치게 하는 무기로 쓰는 전쟁을 말해요. 일제는 세균전에 쓸 세균 무기를 개발하기 위해 중국 하얼빈에 731 부대를 만들었어요. 731 부대는 1937~1945년까지 사람들을 각종 세균 실험과 약물 실험에 이용하는 만행을 저질렀어요.

비행기를 이용해 *페스트에 감염된 벼룩을 뿌리거나, 아이들에게 *탄저균 사탕을 주고 효과를 확인하기 위해 사탕을 먹은 아이의 배를 가르는 등 1만여 명에 이르는 사람들을 생체 실험용으로 사용했어요.

일제는 실험 대상이 된 사람들을 마루타(통나무)라고 부르면서 사람으로 취급하지 않았어요. 마루타가 된 사람들은 주로 한국, 중국, 몽골, 러시아 등의 전쟁 포로들이었어요.

으악!

일제는 전쟁에서 진 뒤 생체 실험을 한 사실을 숨기기 위해 생체 실험 대기자 400여 명을 모두 죽였어요. 731 부대는 이를 '청소'라고 표현했어요.

▲ 중국 하얼빈에 있는 731 부대 유적

그러나 어이없게도 이들의 대부분은 아무런 처벌도 받지 않았답니다. 미국이 생체 실험 관련 자료를 자신들에게 넘기는 조건으로 죄를 묻지 않기로 했기 때문이에요.

※ **페스트** 주로 쥐가 옮기는 급성 전염병으로, 머리가 아프거나 열이 오르고 심하면 목숨을 잃기도 하는 질병.
※ **탄저균** 가축의 질병을 일으키고 사람 몸에 들어오면 급성 염증 등을 일으키는 균.

31 광복군은 정말 국내 진공 작전을 계획했나요?

1940년 9월 대한민국 임시 정부는 충칭에서 한국 광복군을 만들었어요. 광복군 총사령관을 맡은 사람은 지청천 장군이었지요.

광복군은 1941년 12월 태평양 전쟁이 시작되자 "일본을 몰아내고 최후의 승리를 거둘 때까지 싸운다."라며 일본에게 *선전 포고를 했어요.

1942년 광복군은 조선 의용대라는 독립군 부대를 흡수해서 힘을 키웠어요.

이런 가운데 1945년이 되자 광복군은 국내 진공 작전을 계획했어요. 광복군은 미국 전략사무국(OSS)과 손잡고 국내 정진군을 만들었어요. 1945년 8월 초까지 특수 훈련을 끝낸 국내 정진군은 국내로 침투해서 일본군과 싸울 준비를 마쳤지요.

일본이 항복했습니다.
대한 독립 만세!

그런데 안타깝게도 국내 진공 작전을 시작하기 며칠 전, 일제가 항복 선언을 하는 바람에 작전은 취소되고 말았어요.

이렇게 되자 백범 김구 선생은 크게 아쉬워했어요.

"왜적이 항복한다 하였다. 아! 왜적의 항복! 이것은 내게 기쁜 소식이라기보다는 하늘이 무너지는 듯한 일이었다. 천신만고 끝에 수년 동안 애를 써서 전쟁에 참여할 준비를 한 것도 다 헛고생이 되었다."

결국 광복군은 우리나라가 해방된 뒤, 임시 정부 사람들과 함께 귀국할 수밖에 없었답니다.

[*]**선전 포고** 한 나라가 다른 나라에 대해 전쟁을 시작한다는 것을 공식적으로 알리는 일.

수년 동안 준비한 것이 헛된 일이 되었구나…

32 해방이 되자 우리나라 사람들은 어떻게 했나요?

1945년 8월 15일 낮 12시, 일본 천황 히로히토는 라디오를 통해 떨리는 목소리로 항복을 선언했어요.

"짐은 제국 정부에게 미·영·중·소 4개국에 대해 그 공동 선언을 수락한다는 뜻을 통고토록 하였다."

여기서 '제국'은 일본을 가리키고, '그 공동 선언을 수락한다'라는 말은 미국, 영국, 중국이 일본에게 항복하라고 발표했던 *포츠담 선언을 받아들여 항복한다는 뜻이에요. 이 항복 선언과 함께 우리나라는 해방이 되었어요. 해방이 되었다는 소식을 듣고 우리나라 사람들은 어떻게 했을까요? 기쁨에 겨워 팔이 아프도록 만세를 부르고 또 불렀답니다. 해방 당시 소년이었던 임명방이라는 사람은 그때의 기쁨을 이렇게 남겼어요.

"나는 참으로 놀라운 광경을 목격하게 되었다. 극장 앞길을 메운 군중은 수백 명이 넘었는데 이들은 언제 준비했는지 '조선 독립 만세'란 현수막을 앞세우

▲ 해방이 되자 기뻐하는 사람들

고 만세를 외치면서 행진하고 있었다. 그들의 물결 속에서 나는 태극기를 처음으로 보았다. 감추어 두었던 것인지 아니면 항복을 알고 난 뒤 급히 만든 것인지는 몰라도 일본 천황의 발표 몇 시간 뒤에 태극기가 휘날리게 되었다는 사실은 참으로 놀라운 일이었다. 다 죽은 듯이 일제 정치를 인내해 온, 바보스럽게만 보였던 조선 사람들에게 영원히 불타는 애국심과 민족정신이 엄연히 살아 있다는 역사의 증언을 나는 그 순간 비로소 알아차리게 되었다. 나는 그 뒤 여러 날 동안 잠을 잊은 채 그 흥분의 도가니 속에 빠져 들었다."

포츠담 선언 1945년 7월 미국, 영국, 중국의 대표가 포츠담에 모여 일본의 항복 조건과 일본 점령지의 처리에 대해 발표한 선언.

33 38선은 왜 그어졌나요?

2007년 남북 정상 회담 때, 노무현 대통령이 노란 선을 넘어가는 장면을 텔레비전에서 본 적이 있지요? 이 선이 바로 군사 분계선이자 남과 북을 가르는 분단선이랍니다. 군사 분계선이란 전쟁 중인 양쪽이 약속에 따라 설정한 군사 활동의 한계선을 말해요.

군사 분계선이 처음 그어진 것은 언제일까요? 군사 분계선은 1945년 해방 직후 그어진 38선이 변한 선이에요. 38선은 미국과 소련이 한반도에서 일본군의 항복을 받기 위해 그은 선이지요.

1945년 8월이 되자 미국은 제2차 세계 대전을 빨리 끝내려고 했어요. 그래서 8월 6일과 9일 일본의 히로

요기쯤 선을 그읍시다.

조금만 더 밑으로 해요.

시마와 나가사키에 원자 폭탄을 떨어뜨렸지요.

소련군도 발 빠르게 움직여 8월 8일 일본에게 선전 포고를 하고 만주 지역으로 들어왔어요. 며칠 뒤인 8월 11일 소련군은 함경북도 웅기를 시작으로 한반도 점령을 시작했지요.

소련군이 한반도 북쪽에 들어오자 미국은 소련에게 *북위 38도를 경계로 한반도의 남북을 나누어 점령하자고 제안했어요. 북쪽

▲ 경기도 포천 삼팔선 휴게소의 삼팔선비

은 소련이, 남쪽은 미국이 점령하자는 것이었지요. 이 제안에 소련이 찬성했고, 결국 38선이 그어지고 말았답니다.

※**북위** 적도로부터 북극에 이르기까지의 위도. 위도는 지구 위의 위치를 나타내는 좌표축으로, 적도를 중심으로 해서 남북으로 평행하게 그은 선이다.

34 모스크바 3국 외상 회의에서는 무엇을 논의했나요?

1945년 12월 16일부터 25일까지 소련의 수도 모스크바에서는 미국·영국·소련 세 나라의 외무 장관이 참석한 회의가 열렸어요. 이 회의가 바로 모스크바 3국 외상 회의예요.

이 회의에서 의논한 것은 한반도에 새로운 나라를 건설하는 내용에 관한 것이었어요. 당시 회의에서 결정된 내용은 아래와 같아요.

첫째, 한국의 독립 국가 수립과 일제 잔재 청산을 위해 한반도에 민주주의 임시 정부를 수립한다.

둘째, 한국의 임시 정부 수립을 위해 민주주의적 정당, 사회단체와의 협의는 미·소 공동 위원회가 수행한다.

셋째, 한국 임시 정부와 협의해서 미·소·영·중 4개국은 5년 기한으로 신탁 통치를 실시한다.

이 가운데 가장 문제가 된 부분은 바로 세 번째 내용인 신탁 통치였어요. 신탁 통치를 받는다는 것은 우리나라가 다시 미·소·영·중 4개국의 간섭을 받아야 한다는 뜻이었거든요.

이 문제를 놓고 우리나라 사람들의 의견은 크게 둘로 갈라졌어요. *우익이라고 불리는 한국민주당과 한국독립당은 신탁 통치를 반대하면서 모스크바 3국 외상 회의의 결정을 거부했어요. 반면에 *좌익이라고 불리는 조선공산당, 조선인민당 등은 신탁 통치를 찬성하고 모스크바 3국 외상 회의의 결정을 적극 지지했지요.

이렇게 좌익과 우익으로 나뉘어 서로 싸우게 되었고, 결국 우리나라는 안타깝게도 남북으로 나뉘고 말았답니다.

*우익 보수적이며 자기 나라만 뛰어난 것으로 믿고 다른 나라를 배척하는 경향.
*좌익 급진적이며 사회주의적·공산주의적인 경향.

35 1948년 4월 3일 제주도에서는 무슨 일이 벌어졌나요?

제주도에서 일어난 4·3 사건은 1948년 4월 3일에 시작되어 1954년 9월 21일까지 계속된 민중 항쟁이에요.

이 사건은 사람들이 1948년 5월 10일로 예정된 국회의원 선거를 반대하면서 일어났어요. 38선 이남에서만 선거를 치르면 남북이 분단되게 되므로 선거를 치르면 안 된다는 것이 그 이유였지요. 4월 3일 *남로당 제주도당의 무장대 350명이 제주도 내 경찰서 12개와 우익 단체들을 공격하면서 시작되었어요.

이 사건을 진압하는 과정에서 경찰과 군인은 수많은 제주도 주민을 무자비하게 죽였어요. 정확한 통계 자료는 없지만 4·3 사건

공산당이
끼어 있어.

탕
탕

당시 죽은 제주도 주민은 1만 5천 명에서 3만 명 정도에 달했을 것이라고 추정되고 있어요. 만약 이때 3만 명이 죽었다면 30만 명의 제주도 인구 중 10분의 1이나 죽은 셈이니, 상상만 해도 끔찍하지요. 그런데도 4·3 사건은 공산당이 일으킨 사건이라는 핑계로 오랫동안 겉으로 드러나지 않고 있었어요.

그러다가 뜻있는 사람들의 노력으로 1999년 12월 26일 '제주 4·3 사건 진상 규명 및 희생자 명예 회복을 위한 특별법'이 만들어지면서 정부 차원에서 진상 조사를 시작했어요.

그리고 2003년 10월 31일 노무현 대통령이 국가 권력에 의해 많은 사람이 죄 없이 죽었다는 사실을 인정하고, 제주도민들에게 사과하고 억울하게 죽은 영혼들을 위로해 주었어요.

남로당 '남조선노동당'의 준말로 1946년 서울에서 결성된 공산주의 정당.

36 백범 김구 선생은 왜 38선을 넘어 평양으로 갔나요?

"마음속의 38선도 선이 무너지고야 땅 위의 38선도 철폐될 수 있다. ……나는 통일된 조국을 세우려다가 38도 선을 베고 쓰러질지언정 일신의 구차한 안일을 취해 단독 정부를 세우는 데는 협력하지 않겠다."

이 글은 1948년 2월 백범 김구 선생이 38선을 넘어 평양으로 떠나기 전 발표한 '삼천만 동포에게 읍 고함'이라는 글이에요.

1948년으로 접어들자 남과 북의 분단은 점차 돌이키기 어려워지고 있었어요. 김구 선생은 김규식 선생과 함께 북한의 김일성, 김두봉에게 편지를 보내 통일 정부를 세우기 위한 회담을 열자고 제안했어요. 이렇게 해서 '남북 제정당 사회단체 연석회의'가 1948년 4월 평양

단독 정부를 세우는 것은 절대 반대요.

에 있는 모란봉 극장에서 열렸어요.

　김구 선생은 이 회의에 참석하기 위해 38선을 넘어 평양으로 갔지요. 그러나 이렇게 노력을 기울였음에도 남북 분단을 막을 수는 없었답니다.

▲백범 김구 선생

김구 선생을 평양으로 오라고 해야겠군.

37 우리나라 최초의 선거는 언제 치러졌나요?

우리나라 최초의 선거는 1948년 5월 10일에 치러졌어요. 이 선거는 국회의원을 선출하기 위한 선거였는데, 5·10 총선거라고 부른답니다.

5·10 총선거는 많은 어려움 속에서 치러졌어요. 왜냐하면 38선 이남에서만 치러졌기 때문이에요. 남북이 함께 선거를 치르지 않고 한쪽에서만 선거를 치를 경우 우리 민족이 분단될 것이라며 5·10 총선거에 반대하는 목소리가 아주 높았지요.

이런 어려움 속에서 치러진 5·10 총선거에서는 200명의 국회의원이 선출되었어요. 독립촉성 국민회 55명, 한국민주당 29명, 무소속 85명, 기타 31명으로 이루어졌답니다.

남북 분단이 되면 싫어!

우리 반대!

반대

남북이 하나로!

어디다 넣을까요?

요기.

난생 처음 해 보는 투표.

오늘은 5월 10일 선거일

투표함

38 대한민국은 언제 세워졌나요?

1948년 5월 31일 우리 나라 최초의 국회가 열렸어요. 이때의 국회를 '제헌 의회'라고 부르는데 이 말은 '헌법을 제정한 의회'라는 뜻이에요.

▲ 대한민국 초대 대통령인 이승만(오른쪽)

제헌 의회는 우리나라의 이름을 '대한민국'으로 결정한 다음 7월 17일 대통령 중심제의 제헌 헌법을 발표했어요. 7월 17일이 제헌절인 이유는 이날을 기념하기 위해서랍니다. 이후 헌법이 정한 절차에 맞게 이승만이 대통령에 당선되었어요.

대한민국 정부는 이렇게 해서 1948년 8월 15일에 세워졌어요. 이날 이승만 대통령은 광화문 중앙청 앞에서 대한민국 정부가 수립되었음을 국민과 세계 여러 나라에 선포했어요.

참고로 북한은 1948년 9월 9일 김일성을 수상으로 선출하고 조선 민주주의 인민공화국을 수립했어요.

39 '반민 특위'란 무엇인가요?

1948년 9월 1일 국회는 친일파들을 처벌하기 위해 '반민족 행위 처벌법'과 '반민족 행위 특별 조사 위원회'를 만들었어요. 이때 만들어진 '반민족 행위 특별 조사 위원회'가 바로 '반민 특위'예요. 반민 특위는 1949년 1월 8일 박흥식과 김연수를 시작으로 최남선, 이광수 등 친일파들에 대한 조사를 시작했답니다.

그런데 반민 특위가 노덕술과 김태석 등 악질 친일 경찰을 체포하자 이승만 대통령은 "경찰을 체포해서 동요를 일으키는 것은 치안의 혼란을 조장하는 것."이라는 이유를 들어 반민 특위 활동에 반대했답니다. 그러자 서울 중부 경찰서장이 경찰을 이끌고 반민 특위 사무실을 습격했어요. 반민 특위는 친일파들을 더는 조사할 수 없었고, 그 결과 친일파 청산은 이루어지지 못했답니다.

대통령이 곤란하다고 하니 어쩔 수가 없소.

맞소. 이런 쓸데없는 단체는 없어져야 하오.

← 친일파

친일파 청산이 어렵게 됐군.

64

친일파 싫어.

40 한국 전쟁은 언제 시작되어 언제 끝났나요?

1950년 6월 25일 새벽 4시에 시작된 한국 전쟁은 1953년 7월 27일 휴전 협정 체결과 함께 끝났어요.

그러나 전쟁을 잠시 중단한다는 뜻의 휴전 협정대로라면 지금도 완전히 전쟁이 끝났다고 볼 수는 없어요. 이런 이유 때문에라도 하루빨리 남북이 통일해서 평화를 정착시켜야 하겠지요.

한국 전쟁은 흔히 6·25 전쟁이라고도 하는데 이것은 전쟁이 시작된 날을 따서 부르는 이름이에요. 그러면 나라마다 한국 전쟁을 부르는 이름은 어떻게 다를까요?

미국은 우리와 마찬가지로 한국 전쟁이라고 부르고, 일본은 '조선 전쟁'이라고 해요. 또 중국은 미국에 대항해서 북한(조선)을 도와준 전쟁이라는 뜻에서 '항미 원조 전쟁'이라고 불러요.

65

41 한국 전쟁으로 얼마나 많은 사람이 죽거나 다쳤나요?

3년 1개월에 걸친 한국 전쟁으로 무려 130여만 명이 죽고 370여만 명이 다치거나 실종되었어요. 당시 남북의 인구가 3천만 명 정도였다는 것을 생각하면 여섯 명 가운데 한 명 꼴로 죽거나 다쳤다는 이야기이지요. 특히 인구가 1천만 명 정도였던 북한의 피해는 남한보다 더욱 컸답니다.

전쟁으로 입은 경제적인 피해도 아주 컸어요. 남한은 전쟁 1년 만에 제조업의 48퍼센트, 농업의 14.3퍼센트, 광업의 3.2퍼센트가 파괴되었어요. 북한도 큰 피해를 입었는데 1949년에 비해 전쟁 직후 공업의 64퍼센트, 농업의 24퍼센트가 줄었다고 해요.

이것 말고도 전쟁 때문에 약 20만 명의 [*]전쟁미망인과 10만 명이 넘는 [*]전쟁고아, 1천만 명이 넘는 [*]이산가족이 생겼답니다.

[*]**전쟁미망인, 전쟁고아** 전쟁으로 남편을 잃은 여자, 전쟁으로 부모를 잃은 아이.
[*]**이산가족** 남북 분단 등의 사정으로 이리저리 흩어져서 서로 소식을 모르는 가족.

42 휴전선은 어디서부터 어디까지인가요?

휴전선은 1953년 7월 27일 체결된 휴전 협정 제2조에 따라 정해진 남북 간의 군사 분계선이에요.

휴전선의 서쪽은 한강과 예성강 어귀에 있는 교동도라는 섬에서 시작된답니다. 개성 남쪽의 판문점을 지나 강원도의 철원과 금화를 거쳐, 동해가 있는 고성군 현내면 명파리까지 이어지지요. 이 거리가 약 250킬로미터예요.

휴전선에는 남과 북으로 4킬로미터의 ※비무장 지대가 있어요. 비무장 지대에서 군사 분계선을 기준으로 북쪽으로 2킬로미터 떨어진 경계선을 북방 한계선이라고 하고, 남쪽으로 2킬로미터 떨어진 경계선을 남방 한계선이라고 해요. 비무장 지대 안에는 양쪽의 군사 활동을 감시하는 전방 감시 초소가 있는데, 남북의 군인들이 서로 총을 겨누며 지키고 있답니다.

※**비무장 지대** 군사 시설이나 인원을 배치하지 않은 곳. 충돌을 방지하는 구실을 함.

넘어오면 혼내 줄 거야.

앞으로 이쪽으로 넘어오지 말라우.

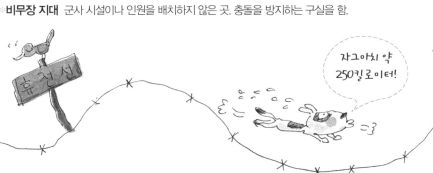

자그마치 약 250킬로미터!

휴전선

43 국군의 날은 왜 10월 1일로 정해졌나요?

한국 전쟁 중인 1950년 10월 1일, 동부 전선에서 우리나라의 육군 제3사단이 38선을 돌파했어요. 그래서 이날을 기념하기 위해 국군의 날을 10월 1일로 정한 거랍니다.

정부는 1956년에 국군의 날을 지정한 뒤부터 매년 기념행사를 열었어요. 10월 1일 국군의 날이 되면 군인들은 탱크를 앞세우고 서울 시내를 행진하며 격파 시범과 전투 훈련 시범 등 다양한 행사를 열었지요.

그런데 국군의 날 행사는 1991년부터 중단되었어요. 국군의 날이 달력에 빨간색으로 표시되는 공휴일에서 빠졌기 때문이지요.

아 참, 국군의 날에 대해 생각해 봐야 할 주장이 하나 있어요. 그것은 국군의 날을 10월 1일이 아니라, 대한민국 임시 정부가 한국광복군을 만든 9월 17일로 바꿔야 한다는 주장이에요.

이런 주장을 하는 사람들은 남북이 싸운 10월 1일보다는 우리나라의 독립을 위한 한국광복군이 만들어진 9월 17일이 국군의 날의 의미에 더 잘 어울린다고 주장하고 있지요.

▲ 국군의 날 기념행사

이런 주장에 대해 여러분은 어떻게 생각하나요?

44 학생들도 군사 훈련을 받았다고요?

한국 전쟁이 끝난 뒤 학생들은 학교에서 군인들처럼 군사 훈련을 받았어요. 당시 고등학교와 대학교에는 '학도 호국단'이라는 조직이 만들어졌고 '교련'이라는 과목의 군사 훈련을 받아야 했지요.

그뿐만이 아니에요. 북한 공산당에 반대하는 반공 웅변대회, 반공 포스터 그리기, 반공 표어 전시회, 반공 글짓기 대회, 반공 토론회 등 여러 가지 반공 행사들도 자주 열렸답니다.

또 아침 조회 시간에는 큰 소리로 "우리는 대한민국의 아들딸, 죽음으로써 나라를 지키자!", "강철같이 단결하여 공산 침략자를 쳐부수자!", "백두산 영봉에 태극기를 날리고 남북통일을 완수하자!"라며 '우리의 맹세'를 합창했다고 해요.

지금은 교련 시간!

얍!

경례!

학생이지만 나라를 지켜야 됩니다.

반공!

공산당이 싫어요.

45 초등학생들도 시위를 했다고요?

1960년 4월, 국민들은 이승만 대통령의 ※독재 정치에 반대해서 거리로 나와 시위를 했어요. 그러자 4월 19일 경찰들이 시위대를 향해 총을 쏘기 시작했답니다.

이날 많은 사람이 죽었고, 화가 난 국민들은 "이승만은 물러가라!"라는 구호를 외치면서 더욱 거세게 시위를 벌였어요. 이것이 바로 4.19 혁명이에요.

며칠 뒤인 4월 25일, 서울 수송 초등학교 학생들도 거리로 나와 시위를 했어요. '부모, 형제에게 총부리를 대지 마라!'라는 현수막을 들고 거리로 나온 수송 초등학교 학생들은 경찰들에게 총을 쏘지 말라고 울면서 시위를 했어요.

이처럼 초등학생까지 시위를 벌이자 이승만 대통령은 1960년 4월 26일 대통령 자리에서 물러날 수밖에 없었어요.

※**독재** 특정한 개인, 단체, 계급, 당파 등이 어떤 분야에서 모든 권력을 차지하고 모든 일을 상의 없이 처리함.

경찰 아저씨! 쏘지 마세요.

이승만 대통령은 독재자야…

쏴! 쏴! 쏘라고.

46 5·16 군사 정변이란 무엇인가요?

1961년 5월 16일 새벽 0시 15분, 박정희 소장이 이끄는 3,600여 명의 군인들이 한강대교를 넘어 서울 시내에 있는 주요 정부 기관을 점령했어요. 이 사건이 바로 5·16 군사 정변이에요. 이렇게 총칼을 앞세우고 권력을 손에 쥔 군인들은 '국가 재건 최고 회의'라는 기구를 만들어 정부와 국회의 일을 대신했어요. 그리고 2년이 지난 1963년 10월 박정희 소장은 대통령 후보로 나와 윤보선 후보를 누르고 대통령으로 뽑혔답니다.

5·16 군사 정변은 처음에는 '5·16 쿠데타'라고 불렸어요. '쿠데타'란 적은 수의 군인들이 총칼을 앞세워 강제로 정권을 빼앗는 것을 말해요. 민주주의와 반대되는 뜻을 지니고 있지요. 5·16 군사 정변을 일으킨 군인들은 자신들의 잘못을 합리화하려고 나중에 '5·16 혁명'이라고 불렀어요. 그러다가 1987년 6월 민주 항쟁 이후 민주화가 되면서 5·16은 '5·16 군사 정변'이라고 불리게 되었답니다.

우리나라 광부와 간호사를 독일에 수출했다고요?

간호사들, 내릴 준비하세요.

도착 했나요?

박정희 정권은 1963년 12월 나라의 경제 개발에 필요한 자금을 마련하기 위해 ※서독에 광부와 간호사를 보내기 시작했어요.

3년 근무에 매월 600마르크(150달러)나 되는 월급을 주고, 귀국한 뒤에는 국내 광업 개발지의 기술자로 일할 수 있다는 모집 내용을 본 사람들은 너도나도 지원서를 냈답니다. 서독으로 갈 광부 500명을 모집한다는 광고가 나가자마자 수천 명의 사람들이 몰려들었다고 해요. 하지만 막상 서독으로 간 광부들은 섭씨 35도를 오르내리는 지하 수천 미터의 ※막장에서 하루 8시간 이상 아주 힘들게 일해야 했어요.

탕탕

덥다, 더워!

서독으로 광부와 간호사를 파견하는 것은 1970년대 후반까지 계속되었고, 광부 7,800여 명과 간호사 1만여 명이 파견되었답니다.

서독

※**서독** 독일 서부 지역에 있었던 연방 공화국. 1990년 동독과 통합되어 독일 연방 공화국이 되었다.
※**막장** 광물을 파내기 위해 땅속을 파 들어간 굴의 막다른 곳.

보고 싶은 식구들.

73

48 '3선 개헌'이란 무엇을 말하나요?

'개헌'이란 '헌법을 바꾼다'라는 뜻이에요. 그러니까 3선 개헌은 대통령을 3번까지 계속할 수 있도록 헌법을 바꾼 사건을 말하는 것이지요.

3선 개헌은 1969년에 일어났어요. 1963년에 이어 1967년에도 대통령이 된 박정희 대통령은 대통령을 연달아 2번만 할 수 있도록 정한 헌법을 바꿔야겠다고 생각했어요. 그래서 대통령을 3번까지 연달아 할 수 있도록 하는 개헌안을 국회에 제출했어요.

당시 국민들은 박정희 대통령이 독재 정치를 한다는 이유로 3선 개헌 반대 투쟁을 시작했답니다. 야당이었던 신민당과 전국의 각 대학에서 3선 개헌에 반대하는 시위를 벌였지요.

날이 갈수록 3선 개헌 반대 시위가 거세지자 정부는 1969년 9월 10일 전국 38개 대학에 휴교령을 내렸어요.

며칠 뒤인 9월 14일 일요일 새벽

2시, 국회 본회의장에서 ＊점거 농성을 하고 있던 야당 국회의원들을 따돌리고, 국회 제3별관에 여당 의원 122명이 모여 박정희 대통령이 연달아 3번째로 대통령이 될 수 있게 만든 개헌안을 ＊날치기로 통과시켰어요.

그리고 10월 17일 3선 개헌안에 대한 국민 투표가 실시되어 헌법이 개정되었지요. 이로써 박정희 대통령은 1971년 4월 제7대 대통령 선거에 민주공화당 후보로 출마해서 다시 대통령이 되었고, 오랜 기간 독재 정치를 이어 갔던 거랍니다.

＊**점거 농성** 어떤 목적을 이루기 위해 한자리를 차지하고 시위함.
＊**날치기** 어떤 법안을 한쪽 당에서 자기들끼리 일방적으로 통과시키는 일.

요기.

49 경부 고속 도로는 언제 개통되었나요?

서울

경부 고속 도로는 1970년 7월 7일에 개통되었어요. 공사가 시작된 게 1968년 2월 1일이니까 2년 5개월 만에 건설된 것이지요. 그래서 세계에서 가장 빠른 기간 내에 건설된 고속 도로라는 기록도 가지고 있답니다.

경부 고속 도로는 처음에는 왕복 4차선으로 건설되었는데, 지금은 왕복 8차선까지 확장되었어요.

경부 고속 도로는 '국토의 *동맥'이라고도 불려요. 그 이유는 우리나라의 거의 모든 고속 도로가 경부 고속 도로와 연결되어 있기 때문이에요.

여기는 천안!

총 길이가 400킬로미터가 넘는다지?

세계에서 가장 빠른 기간에 만들었다며?

고속 버스

너무 달리지 마.

76

부산

2008년 기준으로 경부 고속 도로의 총 길이는 417.48킬로미터이고 [※]나들목 49곳, 다리 853개, 터널 22개가 있어요. 경부 고속 도로의 총 건설비는 421억 100만 원이었다고

▲경부 고속 도로(한국도로공사)

하는데, 나중에 보수하는 데 이보다 더 많은 돈이 들었답니다.

[※]**동맥** 심장에서 피를 신체 각 부분에 보내는 혈관.
[※]**나들목** 도로가 교차되는 복잡한 곳에 입체적으로 만들어서 신호 없이 다닐 수 있도록 한 시설.

50 노동자 전태일은 왜 스스로 몸에 불을 붙였나요?

1970년 11월 13일 오후 1시 서울 평화시장에 500여 명의 노동자들이 모였어요. 친목 모임인 삼동회 회원들이었어요. 이들은 '우리는 기계가 아니다!'라고 적힌 현수막을 들고 시위를 벌였어요.

그런데 출동한 경찰들의 몽둥이에 맞고 노동자들이 우왕좌왕하고 있을 때였어요. 옆 골목에서 온몸에 불이 붙은 전태일이 큰길로 뛰쳐나오면서 외쳤어요.

"근로 기준법을 준수하라!"

"우리는 기계가 아니다! 일요일은 쉬게 하라!"

"노동자들을 혹사하지 마라!"

구호를 외친 전태일은 푹 쓰러졌어요. 누군가가 근로 기준법이 적힌 종이를 불길 속에 던졌어요. 근로 기준법은 전태일의 몸과 함께 불길 속으로 타들어 갔어요.

전태일은 다시 일어나 소리쳤어요.

"내 죽음을 헛되이 하지 마라!"

그다음 말은 알아들을 수가 없었어요. 이윽고 구급차가 달려오고 숯덩이처럼 까맣게 탄 전태일의 몸은 차에 실렸어요.

"어머니, 내가 못다 이룬 일, 어머니가 꼭 이루어 주십시오."

이 말을 마지막으로 전태일은 며칠 뒤 숨을 거두고 말았어요.

그러나 전태일은 죽지 않았어요. 그의 죽음이 밑거름이 되어 우리나라의 노동자들이 새롭게 태어나 자신의 권리를 되찾을 수 있었으니까요.

51 새마을 운동은 언제 시작되었나요?

　새마을 운동은 1970년 4월 22일에 시작되었어요. 이날 박정희 대통령은 가뭄 대책을 세우기 위해 열린 지방 장관 회의에서 마을 가꾸기 사업을 주장하면서 새마을 운동을 시작했답니다.

　새마을 운동의 바탕은 '근면·자조·협동'의 정신이었어요. '어제보다 나은 내일의 새마을'을 만들자는 목표 아래 진행되었지요.

　새마을 운동은 1970년대에 활발하게 일어났어요. 농촌 마을에서는 새마을 운동을 더 잘하기 위해 새마을 지도자를 뽑았어요. 도시에서도 도시 새마을 운동을 전개했고, 공장에서도 공장 새마을 운동을 전개했어요.

　지금 우리가 살고 있는 동네에서 흔히 볼 수 있는 새마을 금고도 바로 이때 만들어진 것이랍니다.

새벽 종이 울렸네.
새 아침이 밝았네.

새마을

← 새마을 지도자

52 '7·4 남북 공동 성명'이란 무엇인가요?

7·4 남북 공동 성명은 1972년 7월 4일 서울과 평양에서 동시에 발표되었어요. 이후락 중앙정보부장이 평양을 방문하고, 북한의 박성철 부수상이 서울을 방문해서 합의했지요.

▲박정희 대통령(오른쪽)과 박성철 부수상

7·4 남북 공동 성명을 통해 남북은 분단된 이후 처음으로 남북이 통일을 위해 노력하겠다고 약속했답니다. 7·4 남북 공동 성명에는 자주, 평화, 민족 대단결이라는 3가지 통일 원칙이 담겨 있어요. 이 3가지를 '통일의 3원칙'이라고도 해요.

7·4 남북 공동 성명이 발표된 다음, 남북은 1991년에는 남북 합의서를, 2000년에는 6·15 남북 공동 선언을 발표했어요.

자주, 평화, 민족 대단결을 원칙으로 합니다.

대통령을 체육관에서 뽑았다는 게
사실인가요?

1972년 *유신 헌법이 제정되면서 '통일 주체 국민회의'라는 기관이 만들어졌어요. 이렇게 만들어진 통일 주체 국민회의 대의원들은 장충체육관에 모여서 대통령 선거를 했답니다. 그 내용은 다음과 같아요.

1972년 12월 23일: 제8대 대통령 박정희 선출
(투표 2,359명, 찬성 2,357표, 무효 2표)

1978년 7월 6일: 제9대 대통령 박정희 선출
(투표 2,578명, 찬성 2,577표, 무효 1표)

1979년 12월 6일: 제10대 대통령 최규하 선출
(투표 2,549명, 찬성 2,465표, 무효 84표)

1980년 8월 27일: 제11대 대통령 전두환 선출
(투표 2,525명, 찬성 2,524표, 무효 1표)

사실상 통일 주체 국민회의는 박정희 대통령을 다시 대통령으로 뽑아 주기 위한 *거수기일 뿐이었어요. 그래서 1979년 10월 26일 박정희 대통령이 암살되자 최규하 대통령과 전두환 대통령을 선출한 다음 해체되었지요.

그리고 1987년 6월 민주 항쟁으로 헌법이 개정되어 국민들은 투표로 대통령을 선출할 수 있게 되었답니다.

유신 헌법 1972년 10월 17일 단행된 대한민국 헌법의 제7차 개헌으로, 1980년에 폐지되었다.
거수기 어떤 법안이나 주제 따위를 통과시키기 위해 무조건 찬성하는 역할을 하는 것.

54 광고가 없는 신문도 있었다고요?

1974년 12월 〈동아일보〉는 광고 없는 신문을 발행해야 했어요. 광고주들이 〈동아일보〉와 맺었던 광고 계약을 해지했기 때문이에요. 광고가 없는 신문을 찍을 수밖에 없었던 이유는 독재 정권의 언론 탄압 때문이었어요. 1972년 10월 유신 헌법 이후 박정희 정권의 독재는 더욱 심해졌어요. 특히 정부는 신문과 방송에 대한 ※검열을 더욱 강화했어요. 이에 〈동아일보〉 기자들은 1974년 10월 24일 '자유 언론 수호대회'를 열었어요. 기자들의 이 같은 반발에 당황한 정부는 〈동아일보〉에 광고를 싣기로 계약한 광고주들을 불러들여 광고를 싣지 말라고 압력을 가했어요.

광고가
하나도 없네.

그래서 〈동아일보〉는 1974년 12월 26일에 광고 자리가 빈 채로 발간되었어요. 계열사인 동아방송에서도 광고 계약이 줄줄이 해지되는 상황이 벌어졌지요. 광고가 들어오지 않자 〈동아일보〉는 12월 30일자 신문 1면에 "대광고주들의 광고가 중단되어 광고인으로서 직책에

東亞日報

앞으로 〈동아일보〉에
광고 싣지 마시오.
알겠소?

충실하기 위해 부득이 개인, 정당, 사회
단체의 의견 광고, 본보를 격려하는 협
찬 광고를 모집하오니 적극적인 성
원을 바랍니다."라는 광고
모집 글을 실었어요.

　이 글을 본 많은 사람
은 정부의 광고 탄압에
반발해 〈동아일보〉와 동
아방송에 격려 광고와 성
금을 내기 시작했어요. 시민들이 낸 광고는 〈동아일보〉를 지지하
거나 이런 현실을 안타까워하는 내용이 많았어요. 또 단체 이름이
나 사람 이름만 적은 광고도 있었어요. 이렇게 〈동아일보〉에 격
려 광고를 싣는 것은 1975년 5월까지 계속되었어요. 이 기간
에 격려 광고만 1만 352건이나 실렸다고 하는데,
최초의 격려 광고 참여자는 김대중 전 대통령이
었답니다.

청와대
고위 관리

검열 언론, 출판, 보도, 연극, 영화, 우편물 등의 내용을 미리 심사해서 그
　　　발표를 통제하는 일.

55 금지곡이 무엇인가요?

금지곡은 정치적·사회적인 이유를 들어 부르면 안 된다고 정부가 금지시킨 노래를 말해요. 어떤 노래가 금지곡이 되면 방송에서 틀 수 없는 것은 물론 레코드와 같은 음반으로도 판매할 수 없었어요. 그러면 최초의 금지곡은 어떤 노래였을까요? 바로 '아리랑'과 '봉선화'랍니다. 일제는 이 노래가 민족 감정을 높인다는 이유로 금지곡으로 지정했어요. 해방 뒤에는 남북이 분단되면서 북으로 간 작곡자들의 노래는 무조건 금지곡이 되었다고 해요. 그 뒤 금지곡은 1970년대와 80년대에 많이 지정되었어요. 1975년에는 정부가 발표한 금지곡이 223곡이나 되었다고 해요.

이때 금지곡이었던 대표적인 노래는 양희은의 '아침이슬', 김민기의 '친구', 송창식의 '왜 불러', '고래 사냥', 신중현의 '미인' 등이었다고 해요.

앞으로 이런 노래는 하지 말 것.

금지곡대상

뭐야?

엥?

56 대한민국 최초의 올림픽 금메달리스트는 누구인가요?

우리나라 선수들이 처음으로 태극기를 달고 올림픽에 출전한 것은 1948년 제14회 런던 올림픽부터였어요. 역도의 김성집 선수와 복싱의 한수안 선수가 동메달을 딴

▲1976년 몬트리올 올림픽 금메달리스트 양정모

것이 대한민국 최초의 올림픽 메달이었지요. 그러면 대한민국 최초의 올림픽 금메달리스트는 누구일까요? 바로 레슬링의 양정모 선수예요.

양정모 선수는 1976년 캐나다의 몬트리올에서 열린 제21회 올림픽 대회에서 몽골의 오이도프와 미국의 데이비스를 물리치고 레슬링 자유형에서 우승, 우리나라 최초의 올림픽 금메달리스트가 되었어요.

몬트리올 올림픽에서 우리나라는 금메달 1개, 은메달 1개, 동메달 4개를 따서 19위에 올랐답니다. 북한도 금메달 1개, 은메달 1개를 따서 21위에 올랐어요.

한국인 최초로 에베레스트 산에 오른 사람은 누구인가요?

현재 시각 12시 50분, 더는 오를 곳이 없다.

우리나라 사람으로서 최초로 에베레스트 산에 오른 사람은 산악인 고상돈이랍니다. 고상돈은 1977년 9월 15일 낮 12시 50분 에베레스트 산 정상에 올랐어요.

정상에 오른 고상돈은 무전기로 "여기는 정상, 더 오를 곳이 없습니다."라고 말했어요. 그러고는 에베레스트 산 정상에 성경책과 함께 산을 오르다 사망한 동료 사진 3장을 묻었어요.

그 뒤 고상돈은 1979년 알래스카 산맥의 매킨리 산 (6,194m) 원정대에 참가해서 5월 29일 정상에 오른 다음 산을 내려오다가 그만 떨어져 죽고 말았어요.

한편 2002년 6월 에베레스트 산에서 청소 활동을 벌이던 단체가 고상돈 원정대의 깃발을 발견했어요. 깃발에는 '77K.E.E(77: 등반 연도, K.E.E: Korea Everest Expedition)'라고 쓰여 있었답니다.

정상이다.

와! 베이스캠프

88

58 10·26 사건이란 무엇인가요?

10·26 사건은 1979년 10월 26일 박정희 대통령이 중앙정보부장 김재규에게 살해된 사건을 말해요. 사건 뒤 김재규는 재판 과정에서 민주화에 대한 열망으로 독재자인 박정희 대통령을 살해했다고 말했어요. 그러나 직접적인 원인은 중앙정보부장 김재규와 대통령 경호실장 차지철이 벌인 권력 다툼 때문이었어요.

하지만 이 사건의 배경에 박정희 대통령의 오랜 독재 정치에 대한 국민들의 민주화 요구가 있었던 것도 사실이랍니다. 10·26 사건에 앞서 1979년 10월 16일 부산과 마산에서 민주화 운동이 일어났어요. 민주화 운동이 일어나자 박정희 대통령은 부산과 마산에 *계엄령을 내리고 군인들을 시내에 배치했어요. 이때 평소 사이가 좋지 않던 김재규와 차지철이 다투기 시작했고 그 결과로 10·26 사건이 벌어진 거예요.

10·26 사건은 '박정희 대통령 시해 사건'이라고도 불리는데, 이 사건으로 18년 동안 집권했던 박정희 대통령은 비극적인 최후를 맞고 말았답니다.

※**계엄령** 군사적 필요나 사회의 질서 유지를 위해 일정한 지역의 행정권과 사법권의 전부 또는 일부를 군이 맡아 다스리게 하는 대통령의 명령.

59 5·18 민주화 운동은
언제 일어났나요?

5·18 민주화 운동은 1980년 5월 18일부터 5월 27일까지 열흘 동안 광주 시민들이 전개한 민주화 운동이에요.

5·18 민주화 운동은 광주 시민들이 전두환 소장을 비롯한 신군부와 계엄군의 폭력에 맞서 군부가 물러날 것, 계엄령을 거둘 것, 민주 인사를 석방할 것을 요구하면서 일어났어요. 1980년 5월 18일 전남 대학교 앞에서 시작된 5·18 민주화 운동은 5월 27일 전라남도 도청에서 시민군들이 계엄군에게 진압되면서 끝났지요.

이 과정에서 수많은 사람이 목숨을 잃었어요. 당시 정부는 사망 191명, 부상 852명이라고 발표했어요. 그러나 유가족들과 관련 단체들은 2,000여 명이 죽거나 다쳤다고 주장하고 있지요. 5·18 민주화 운동에서 목숨을 잃은 사람들은 광주 망월동 묘역에 묻혔어요. 현재 광주 망월동 묘역은 국립 공원 묘지가 되었어요.

1990년에 '광주 민주화 운동 관련자 보상 등에 관한 법률'이 제정되어 피해자의 명예 회복과 보상 및 기념 사업이 이루어졌어요. 또한 1995년에는 '5·18 민주화 운동 등에 관한 특별법'이 제정되어 전두환, 노태우 전 대통령을 비롯해서 많은 가해자에 대한 처벌이 이루어졌답니다.

▲ 5·18 민주화 운동 당시의 모습

60 평화의 댐은 무슨 용도로 건설되었나요?

금강산댐
↓

보통 댐들은 전기를 만들거나 수돗물을 공급하기 위해 건설되지만 평화의 댐은 그런 이유로 건설되지 않았어요. 강원도 화천군과 양구군에 위치한 평화의 댐은 북한의 물 공격을 막기 위해 지어졌지요.

1980년대 중반 북한은 휴전선 근처에 금강산댐을 건설하고 있었어요. 이 사실을 알게 된 전두환 정권은 서울 올림픽을 방해하기 위해 북한이 금강산댐을 건설하고 있다고 발표했어요.

정부는 북한이 금강산댐을 완공해서 댐을 터뜨리면 서울의 3분의 1이 물에 잠기고, 63빌딩도 절반 가까이 물에 잠길 것이라고 말했어요.

그러면서 북한의 물 공격을 막기 위한 방어용 댐이 필요하다고 말하고 평화의 댐을 건설하기 위한 국민 성금을 모았어요. 이렇게 해서 6개월 동안 모인 국민 성금은 639억 원이나 되었어요.

북한은 전쟁용으로 댐을 건설하고 있습니다. 우리도 방어용 댐을 건설합시다.

평화의 댐

성금함

이윽고 평화의 댐 건설을 위한 공사는 1987년 2월에 시작되어 2년 뒤인 1989년에 완공되었어요.

그리고 4년이 흐른 뒤인 1993년, 감사원이 평화의 댐 건설에 대해 감사한 결과 북한의 물 공격 위협은 거짓말임이 밝혀졌어요. 결국 평화의 댐 건설은 전두환 정권이 반공 이념을 앞세워 국민들을 속인 공사였던 거예요.

그 뒤 정부는 평화의 댐을 어떻게 사용할까 고민하다가 홍수를 막는 댐으로 사용하기 위해 증축 공사를 했어요. 이렇게 완공된 평화의 댐은 평소에는 비워 두었다가 여름철에 비가 많이 오면 물을 가두어 홍수 피해를 막는 데 사용되고 있답니다.

▲ 평화의 댐(건설교통부)

6월 민주 항쟁은 무슨 사건 인가요?

6월 민주 항쟁은 1987년 6월 전국적으로 전개된 민주화 운동이에요. 1987년 6월 10일 '박종철 고문살인 은폐 조작 규탄 및 민주 헌법 쟁취 범국민대회'로부터 시작되어 6월 29일 민주정의당 노태우 대통령 후보가 6·29 민주화 선언을 발표할 때까지 계속되었어요. 국민들은 '민주 헌법 쟁취', '독재 정권 타도'를 외치면서 거리에서 시위를 벌였어요. 거센 민주화 요구에 놀란 전두환 정부는 6·29 민주화 선언을 발표할 수밖에 없었어요.

6·29 민주화 선언에서 정부는 대통령 직선제의 수용, 대통령 선거법의 개정, 김대중 씨를 비롯한 민주 인사 석방과 사면 복권, 국민 기본권 신장, 언론 자유 창달, 지방 자치제 실시와 대학 자율화, 정당의 자유로운 활동 보장, 과감한 사회 정화 조치 등 8개 항을 국민들에게 약속했어요. 이로써 국민들은 다시 직접 대통령을 뽑을 수 있게 되었답니다.

독재정권타도!

민주 헌법!

호헌 철폐 독재 타도

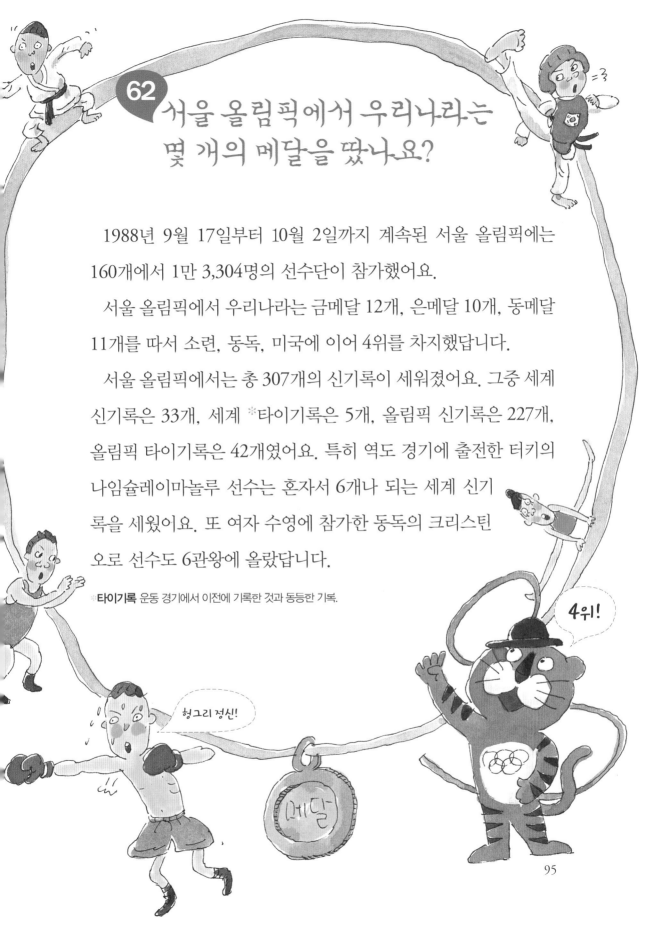

62 서울 올림픽에서 우리나라는 몇 개의 메달을 땄나요?

1988년 9월 17일부터 10월 2일까지 계속된 서울 올림픽에는 160개에서 1만 3,304명의 선수단이 참가했어요.

서울 올림픽에서 우리나라는 금메달 12개, 은메달 10개, 동메달 11개를 따서 소련, 동독, 미국에 이어 4위를 차지했답니다.

서울 올림픽에서는 총 307개의 신기록이 세워졌어요. 그중 세계 신기록은 33개, 세계 *타이기록은 5개, 올림픽 신기록은 227개, 올림픽 타이기록은 42개였어요. 특히 역도 경기에 출전한 터키의 나임슐레이마놀루 선수는 혼자서 6개나 되는 세계 신기록을 세웠어요. 또 여자 수영에 참가한 동독의 크리스틴 오토 선수도 6관왕에 올랐답니다.

※**타이기록** 운동 경기에서 이전에 기록한 것과 동등한 기록.

63 평양에 다녀왔다고 정말 감옥에 가둔 적이 있나요?

1989년 3월 25일 문익환 목사는 북한의 '조국 평화 통일위원회'의 초청을 받아 정부의 허가 없이 평양을 방문했어요. 문익환 목사는 평양에 머무르면서 김일성 주석과 두 차례 회담을 하고 서울로 돌아왔어요.

정부는 허가 없이 북한을 방문했다는 이유로 문익환 목사를 구속했어요. 문익환 목사는 국가 보안법 위반으로 재판에서 *징역 7년을 선고받고 감옥살이를 해야 했답니다.

국가 보안법 위반으로 체포하겠습니다.

철컥!

문익환 목사에 이어 1989년 6월 30일에는 한국 외국어 대학교 4학년 임수경 학생이 평양을 방문했어요. 임수경 학생은 '전국 대학생 대표자 협의회' 대표로 당시 평양에서 개최된 세계 청년 학생 축전에 참가하기 위해 북한에 갔지요.

　임수경 학생도 세계 청년 학생 축전에 참가하고 그해 8월 15일 판문점을 넘어 돌아오자마자 구속되고 말았어요. 이렇게 구속된 임수경 학생 또한 국가 보안법 위반으로 징역 5년을 선고받고 감옥살이를 하다가, 1992년 12월 대통령 특별 사면으로 풀려났어요.

※**징역** 죄인을 교도소에 가두어 노동을 시키는 형벌.

64 우리나라는 언제 유엔에 가입했나요?

우리나라는 1991년 9월 18일 유엔(국제 연합)에 가입했어요. 이날 유엔은 제 46차 총회를 열고 남한과 북한을 비롯한 7개 나라의 유엔 가입을 승인했어요. 이로써 남한과 북한

▲반기문 유엔 사무총장

은 분단된 지 46년 만에 각각 독립 국가 자격으로 유엔 회원국이 되었답니다. 그동안 우리나라의 유엔 가입이 늦어진 이유는 미국과 소련의 대립으로 빚어진 *냉전 체제 때문이었어요. 우리나라는 오래전부터 유엔에 가입하려고 했지만 북한과 북한을 지지하던 소련 및 중국의 반대로 뜻을 이룰 수 없었지요.

우리나라는 비록 뒤늦게 유엔에 가입했지만 가입 후 세계 여러 나라들과 활발한 외교 활동을 펼쳤어요. 그 덕분에 우리나라의 반기문 외교통상부 장관은 2007년 제8대 유엔 사무총장에 오를 수 있었답니다.

※**냉전** 제2차 세계 대전 이후 미국과 소련을 중심으로 한 자본주의와 공산주의의 대립을 뜻함.

65 '문민정부'란 무슨 뜻인가요?

노태우

전두환

박정희

난 이 사람들하고 달라.
그러니 '문민정부'라고
불러 줘.

1993년 2월 25일 취임한 김영삼 대통령은 자신의 정부를 '문민정부'라고 이름 지었어요. 군인이 아닌 민간 정치인 출신의 대통령이 다스리는 정부라는 뜻이었지요.

6월 민주 항쟁 이후 국민들은 군인 출신 대통령이 아니라 민간인 출신 대통령이 뽑히기를 바랐어요. 민간 정치인이 대통령이 되어야 우리나라의 민주주의가 발전될 수 있을 것이라고 믿었기 때문이에요.

이런 국민들의 바람에 힘입어 김영삼 대통령은 제14대 대통령에 당선될 수 있었어요. 김영삼 대통령은 이전의 박정희, 전두환, 노태우 군사정부와 구별 짓기 위해 자신의 정부를 문민정부라고 이름 지었답니다.

척!

알겠습니다.

66 정말 백화점이 무너지는 사고가 있었나요?

16일 안에 박승현 씨가 극적으로 발견되었습니다.

서울시 서초구에 있는 삼풍백화점이 무너진 것은 1995년 6월 29일 오후 6시 무렵이었어요. 이날 오후 6시 5분경, 삼풍백화점 옥상이 완전히 무너지면서 이 충격으로 건물이 순식간에 무너져 내렸어요. 삼풍백화점의 모든 기둥은 약 20초 만에 무너졌고 백화점 안에 있던 1,500여 명의 사람들은 무너진 건물더미에 묻히고 말았답니다. 이 사고로 501명이 사망했고, 6명이 실종되었어요. 또 937명이나 부상을 당했지요. 신문과 방송에서는 이 사건을 두고 8·15 해방 이후 최대의 재난 사고라고 부르기도 했어요.

이 당시 콘크리트 밑에 깔려 있다 구조된 사람 중에는 10일 넘게 물 한 모금 먹지 못하고 살아난 사람들도 있었어요. 사고 당시 최명석 씨는 11일 만에 구조되었고, 유지환 씨는 13일 만에, 박승현 씨는 16일 만에 구조되어 사람들에게 생명의 귀중함을 일깨워 주었답니다.

물…. 물, 물 좀 줘!

너무 부실하게 지었어.

67 대통령을 했던 사람들은 왜 감옥으로 가야만 했나요?

1995년 11월 김영삼 대통령은 광주 학살의 진상을 밝히기 위해 '5·18 민주화 운동 등에 관한 특별법' 제정을 지시하고 '역사 바로 세우기'를 선언했어요.

이 선언을 계기로 11월 16일 노태우 전 대통령이 구속되었어요. 그리고 한 달 뒤인 12월 3일 전두환 전 대통령도 구속되었지요.

전두환, 노태우 두 전직 대통령이 구속된 이유는 1980년 5·18 민주화 운동을 진압하면서 많은 사람을 죽였고, 대통령으로 있으면서 옳지 못한 방법으로 돈을 모았기 때문이랍니다.

구속된 두 전직 대통령은 1996년 3월부터 재판을 받았어요. 1심 재판에서 전두환 전 대통령에게는 사형이, 노태우 전 대통령에게는 징역 22년 6개월이 선고되었지만 몇 년 뒤 대통령 특별 사면으로 풀려났어요.

68 OECD에 가입하면
선진국이 되나요?

  흔히 선진국 클럽으로 불리는 OECD의 정식 명칭은 '경제 협력 개발 기구'예요. OECD는 1961년 경제 발전과 세계 무역을 촉진시키기 위해 만들어졌어요. OECD의 활동 목표는 회원국들의 경제 성장을 통해 국민들의 생활 수준을 향상시키는 것이에요. OECD는 세계 여러 나라의 무역과 자본 이동을 자유롭게 하는 역할과 회원국들에게 여러 정책을 자문하는 역할을 하고 있답니다.

  우리나라는 1990년 10월 OECD 조선 사업부에 처음 가입했어요. 그 뒤 1996년 12월 OECD의 29번째 회원국이 되었지요. 그러나 우리나라는 OECD에 가입한 지 1년 만에 IMF 외환 위기를 겪어야 했어요.

  이 때문에 경제학자들은 우리나라가 선진국 클럽이라는 명분만 좇아 철저한 준비 없이 OECD에 가입해서 IMF 외환 위기를 맞았다고 지적했답니다.

OECD에 가입한다고 선진국이 되는 건 아니랍니다.

현재 OECD 회원국은 34개국입니다.

본부는 프랑스 파리에 있어요.

69 금 모으기 운동은
왜 일어났나요?

오!
한국 대단해요.

1997년 11월 21일 우리나라는 정부가 가진 외환(달러)이 부족해 나라 전체가 부도나는 사태를 맞고 말았어요. 이것이 바로 IMF 외환 위기예요. 우리나라는 어쩔 수 없이 국제 통화 기금, 즉 IMF 로부터 달러를 빌려 와야만 했어요. 이때 우리나라는 IMF로부터 195억 달러, 세계은행으로부터 70억 달러, 아시아개발은행으로부터 37억 달러를 빌렸어요.

이렇게 나라가 부도나자 국민들은 팔을 걷고 나섰어요. 바로 금 모으기 운동을 시작한 거예요. 국민들은 아이들의 돌 반지를 비롯해 집 장롱 속 깊이 넣어 두었던 금을 모아 이것을 외국에 팔아 부족한 달러를 보충하자는 뜻에서 금 모으기 운동에 참여했지요. 국민들의 이런 노력 덕분에 우리나라는 2000년 12월 4일 IMF로부터 빌려 온 달러를 모두 갚고 "IMF 위기에서 완전히 벗어났다." 라고 공식 발표를 할 수 있었어요.

우리 애
돌 반지야!

우리 집에 있던
금붙이는
다 가지고 나왔어요.

우리 모두
금을 모아 IMF를
탈출합시다.

70 김대중 대통령과 김정일 국방위원장은 정상 회담에서 무엇을 약속했나요?

2000년 6월 13일 김대중 대통령은 비행기로 평양을 방문해서 6월 15일까지 2박 3일 동안 머무르면서 북한의 김정일 국방위원장과 회담을 했어요.

남북 정상 회담은 우리나라가 남북으로 분단된 지 55년 만에 처음 이루어진 일로 우리 민족뿐만 아니라 전 세계의 주목을 받았어요. 국민들은 남북 정상 회담을 지켜보며 감격해서 아낌없이 박수를 보냈지요.

김대중 대통령과 김정일 국방위원장은 남북 정상 회담을 통해 6·15 공동 선언을 발표했어요. 6·15 공동 선언은 5가지 통일 약속을 담고 있는데 그 내용을 한번 살펴볼까요?

남북이 문을 활짝 열자.

1. 남북은 우리 민족끼리 서로 힘을 합쳐 자주적으로 통일을 해결해 나가자.
2. 남측의 통일 방안인 연합 제안과 북측의 통일 방안인 낮은 단계의 연방 제안의 공통성에 기초하여 통일을 이루어 나가자.
3. 남북은 이산가족들의 만남을 실현하고, 남측은 비전향 장기수들을 북으로 보내기로 한다.
4. 남북은 경제 협력으로 민족 경제를 발전시키고 사회·문화·체육·보건·환경 등 여러 분야에서 협력해 나간다.
5. 이상의 약속을 실천하기 위해 남북은 대화를 계속하기로 한다.

이 밖에도 남북 정상 회담에서는 김정일 국방위원장이 서울을 방문한다는 약속도 했어요. 그러나 안타깝게도 이 약속은 지켜지지 않았어요.

▲ 북한을 방문한 김대중 전 대통령

우리나라 사람도 노벨상을 받은 적이 있나요?

여러분도 잘 알다시피 노벨상은 알프레드 베르나르드 노벨의 유언에 따라 1901년 제정된 세계적인 상이에요. 물리학, 화학, 의학, 문학, 평화, 경제학의 6개 부문으로 나누어 해마다 해당 심사위원회가 결정한 사람에게 상을 주고 있지요.

노벨상 수상식은 매년 노벨의 사망일인 12월 10일 스웨덴의 스톡홀름에서 거행되어요. 수상식에서 수상자에 대한 소개는 상을 받는 사람의 나라 말로 하고 추천사는 스웨덴 말로 한답니다.

그런데 특이하게도 노벨 평화상만은 스웨덴이 아닌 노르웨이의 수도 오슬로에서 시상을 해요. 우리나라에서 처음 노벨상을 받은 사람은 김대중 전 대통령이에요. 김대중 전 대통령은 2000년 '한국과 동아시아에서 민주주의와 인권, 북한과의 평화와 화해를 위해 노력한 공로'를 인정받아 노벨 평화상을 수상했어요.

노벨 평화상을 수상했지.

72 월드컵에서 아시아 나라가 거둔 최고의 성적은 몇 위인가요?

4강이다!

2002년 한·일 월드컵에서 우리나라가 거둔 4위가 가장 좋은 성적이에요.

우리나라는 1954년 스위스에서 열린 제5회 월드컵 대회를 시작으로 여러 차례 월드컵

▲2002년 한·일 월드컵 당시 응원 모습

본선에 나갔지만 한 번도 16강에 들지 못했어요. 그러다가 2002년 제17회 한·일 월드컵에서 폴란드, 포르투갈, 이탈리아, 스페인을 차례로 물리치고 4강에 올랐어요.

아시아에서 우리나라 다음으로 좋은 성적을 거둔 나라는 바로 북한이에요. 북한 축구 대표팀은 1966년 영국에서 개최된 제8회 월드컵 대회에서 이탈리아 대표팀을 1:0으로 누르고 8강에 진출했어요. 북한 다음으로 좋은 성적은 1994년 미국 월드컵에서 사우디아라비아 대표팀과 2002년 한·일 월드컵에서 일본 대표팀이 16강에 오른 거예요.

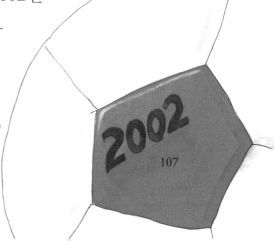

73 촛불 시위는 왜 일어났나요?

촛불 시위는 미군 장갑 차량에 깔려 숨진 여중생 신효순, 심미선 학생을 추모하기 위해 2002년 11월 일어났어요.

신효순, 심미선 학생이 안타깝게 죽은 것은 월드컵 축구 대회가 한창이던 2002년 6월 13일이었어요. 이날 두 학생은 경기도 양주시 광적면 지방 도로에서 친구의 생일 파티에 가던 도중 미군 장갑 차량에 깔려 그 자리에서 숨지고 말았어요. 월드컵의 열기 속에서 두 학생의 죽음은 사람들의 주목을 받지 못했어요. 그러다가 2002년 11월, 장갑차를 몰았던 미군 병사가 재판에서 무죄로 풀려나자 국민들은 분노했지요.

그런데 당시 어느 누리꾼이 인터넷에 두 학생을 추모하고 책임자 처벌을 요구하는 촛불 시위를 제안했어요. 이 제안에 많은 사람이 뜻을 함께하면서 촛불 시위가 일어난 거예요. 이렇게 시작된 촛불 시위에는 수많은 사람이 참가했고 2004년까지 계속되었어요.

노무현 대통령은 정말 대통령 자리에서 쫓겨날 뻔했나요?

위헌 이라고?

탄핵안 낸 국회의원 →

노무현 대통령은 2003년 2월 25일 제16대 대통령으로 취임했어요. 그런데 하마터면 대통령 자리에서 쫓겨날 뻔했답니다.

이 일을 '노무현 대통령 탄핵'이라고 하는데 '탄핵'이란 국회의원들이 대통령을 *불신임해서 대통령 자리에서 물러나게 하는 제도예요. 국회에서 노무현 대통령에 대한 탄핵 소추안이 통과된 것은 2004년 3월 12일이었어요. 이날 16대 국회는 본회의를 열고 찬성 193표, 반대 2표로 노무현 대통령 탄핵 소추안을 통과시켰어요. 따라서 노무현 대통령의 권한은 중단되었지요.

하지만 대통령 탄핵이 결정되자 국민들은 '탄핵 반대', '민주 수호'를 외치면서 매일같이 촛불 시위를 벌였어요. 이런 가운데 2004년 5월 14일 헌법 재판소는 노무현 대통령 탄핵 결정이 잘못되었다고 판결했어요. 이 결정으로 노무현 대통령은 다시 대통령으로서 권한을 되찾을 수 있었답니다.

불신임 남을 믿지 못해서 일을 맡기지 않음.

절대 안 돼!

탄핵 반대!

민주 수호

109

75 이명박 대통령은 몇 번째 대통령인가요?

　2007년 12월 19일 우리나라의 17번째 대통령을 뽑는 선거가 치러졌어요. 이날 선거에서 한나라당의 이명박 후보는 48.7퍼센트의 지지를 얻어 대통합민주신당의 정동영 후보를 물리치고 대통령에 당선되었어요. 그리고 2008년 2월 25일 제17대 대통령에 취임했지요. 이명박 대통령은 임기로는 제17대 대통령이고, 사람으로는 10번째 대통령이에요.

　그러면 이명박 대통령에 앞서 대통령을 역임한 9명이 누구인지 한번 알아볼까요?

1대 대통령 이승만 1948년 8월 15일~1952년 8월 14일

2대 대통령 이승만 1952년 8월 15일~1956년 8월 14일

3대 대통령 이승만 1956년 8월 15일~1960년 4월 26일

4대 대통령 윤보선 1960년 8월 12일~1962년 3월 23일

5대 대통령 박정희 1963년 12월 17일~1967년 6월 30일

6대 대통령 박정희 1967년 7월 1일~1971년 6월 30일

7대 대통령 박정희 1971년 7월 1일~1972년 12월 26일

8대 대통령 박정희 1972년 12월 27일~1978년 12월 26일

9대 대통령 박정희 1978년 12월 27일~1979년 10월 26일

10대 대통령 최규하 1979년 12월 6일~1980년 8월 15일

11대 대통령 전두환 1980년 8월 27일~1981년 2월 24일

12대 대통령 전두환 1981년 2월 25일~1988년 2월 24일

13대 대통령 노태우 1988년 2월 25일~1993년 2월 24일

14대 대통령 김영삼 1993년 2월 25일~1998년 2월 24일

15대 대통령 김대중 1998년 2월 25일~2003년 2월 24일

16대 대통령 노무현 2003년 2월 25일~2008년 2월 24일

사진 제공